Klaus-Rüdiger Mai

Lob der Religion

Klaus-Rüdiger Mai

Lob der Religion

Warum es nicht egal ist, was Sie und Ihr
Nachbar glauben

KREUZ

*Gewidmet meiner Tochter und den Kindern ihrer Klasse,
ihrer Schule, allen Kindern, auf dass wir nicht im rasenden
Egoismus ihre Zukunft vernichten.*

MIX
Papier aus verantwor-
tungsvollen Quellen
FSC
www.fsc.org FSC® C106847

© KREUZ VERLAG
in der Verlag Herder GmbH, Freiburg im Breisgau 2013
Alle Rechte vorbehalten
www.kreuz-verlag.de

Satz: de·te·pe, Aalen
Herstellung: fgb · freiburger graphische betriebe
www.fgb.de

Printed in Germany

ISBN 978-3-451-61231-2

»Die Virtuosität eines Menschen ist nur gleichsam
die Melodie seines Lebens, und es bleibt bei einzelnen
Tonen, wenn ihr nicht die Religion beifügt.«

Friedrich Daniel Ernst Schleiermacher

»Das große unsagbare Übel im Mittelpunkt unserer
Kultur ist der Monotheismus. Aus einem barbarischen
bronzezeitlichen Text, der unter dem Namen Altes
Testament bekannt ist, haben sich drei menschen-
feindliche Religionen entwickelt: das Judentum, das
Christentum und der Islam.«

Gore Vidal

Inhalt

Zuvor

Die Kinder der Kindergartengruppe meiner Tochter baten mich einmal, ihnen beim Erfinden einer Geschichte zu helfen, die sie dann mit Illustrationen versehen als Buch herausgeben wollten. Auf meine Frage, von wem ihre Erzählung handeln, wer in ihr vorkommen sollte, forderten die Kinderstimmen einhellig: »Elfen und Feen und Einhörner.«

Der britische Evolutionsbiologe Richard Dawkins wählte als Motto für sein atheistisches Bekehrungspamphlet[1] *Der Gotteswahn (2006)* einen Satz des Schriftstellers Douglas Adams: »Genügt es nicht zu sehen, dass ein Garten schön ist, ohne dass man auch noch glauben müsste, dass Feen darin wohnen?« Soll ich meiner Tochter und den anderen Kindern nun die Freude verderben und die Feen und Elfen aus den Gärten verjagen und die Einhörner töten, um Ideologen genüge zu tun? Mehr noch: Soll ich ihnen die Zukunft rauben, weil ich ihnen den Glauben verbiete? Soll ich ihnen Religion vorenthalten, die nicht nur unsere Vergangenheit bestimmt, uns erfolgreich gemacht hat, sondern auch eine Lebensperspektive in Glück, Wohlstand und vor allem Freiheit eröffnet? Zerstört man die Religion, zerstört man Europa. Täte ich das, in was für einer Tradition stünde ich da? »Es gibt mehr Ding im Himmel und auf Erden, als Eure Schulweisheit sich träumen, Horatio«,[2] lässt William Shakespeare Hamlet sagen, nachdem er den Geist seines Vaters gesehen hat. Soll eine Schulweisheit jetzt bestimmen, was zwischen Himmel und Erde existiert? Allenfalls Moleküle, aber keine Feen mehr? Statt der zauberkräftigen Pantoffeln des kleinen Muck nur noch Pantoffeltierchen? Es ist eine dürftige Schulweisheit, die sich in der Öffentlichkeit gern als Wissenschaft darstellt, um ihrer Ideologie wissenschaftliche Weihen zu verleihen und ihre Opponenten einzuschüchtern.

Wer möchte schon als abergläubisch dastehen? Dabei schafft doch das Aber zum Glauben erst Raum für den Aberglauben, wird Aufklärung in ihrer ideologisierten Form zur eigentlichen Aufklärungsfeindlichkeit. In der Wissenschaft gilt das Argument, nicht die Herabsetzung und erst recht nicht die Herabwürdigung. Es ist legitim, die eigene Meinung zu vertreten, es ist wichtig, sie darzustellen, aber es ist mit Sicherheit unwissenschaftlich zu behaupten, dass alle, die sich davon nicht überzeugen lassen, in der Kindheit indoktriniert wurden, geistesschwache Naturen darstellen oder gar psychiatrische Fälle[3] abgeben. Mit Arroganz mag man Wirkungen erzielen, aber sie bessert schwache Argumente nicht auf.

Auch wenn es bei Fragen der Religion keineswegs um Feen, Einhörner und Elfen geht, gibt es bei der Diskussion um den Wert der Religion ähnliche Verhaltensweisen: Die Diskussion über die Religion und den Glauben wird in der Öffentlichkeit asymmetrisch geführt. Wenn der Theologe auf den Evolutionsbiologen trifft, neigt die Öffentlichkeit eher dazu, dem Naturwissenschaftler recht zu geben, selbst wenn er nicht wissenschaftlich, sondern zutiefst ideologisch argumentiert. Naturwissenschaftler haben ein besseres Image als Geisteswissenschaftler und schon gar als Theologen. Der Glaube an die vermeintliche Objektivität und Allgemeingültigkeit der Naturwissenschaft ist das größte Missverständnis unserer Zeit. Ihm aufzusitzen führt in die Irre. Nicht nur bei der Beurteilung von Religionen und religiösen Menschen, sondern auch bei der Wahrnehmung unserer Welt. Und gerade weil unsere und die Existenz unserer Kinder auf dem Spiel steht, ist es eben nicht egal, was Sie und Ihr Nachbar glauben.

Erst wenn wir Religion und Vernunft, Glauben und Wissen nicht als Gegensätze begreifen, sondern, sinnbildlich gesprochen, als rechte und linke Hand, als rechten und linken Fuß des Menschen, können wir zu einer wahrhaft menschlichen Gesellschaft kommen.

Ungewöhnlich ist, dass das Lob der Religion hier nicht von einem Theologen, sondern von einem Historiker vorgetragen wird. Ich möchte damit nicht den Theologen ins Handwerk pfuschen, sondern vielmehr eine Lücke schließen: Denn eine historische und auch (natur-)wissenschaftliche Betrachtung über die Bedeutung der Religion für die Menschen in unserer Zeit und Gesellschaft fehlt bislang.

Bestärkt in diesem Vorhaben hat mich die Beobachtung, dass Atheisten, die sich gern als Wissenschaftler darstellen, in ihren Büchern gegen den Glauben eben nicht wissenschaftlich, sondern ideologisch, historisch ahnungslos und ausgesprochen selektiv argumentieren. Vom Menschen in seiner Geschichte, also in seinem täglichen Leben, wissen sie wenig. Wo der Beweis oder mindestens der Beleg fehlt, muss es die fernseherprobte Wendung bringen. Hinter der Nebelwand eines pseudowissenschaftlichen Jargons wird dann munter vollkommen ahistorisch argumentiert und die Zusammenhänge haben häufig so viel miteinander zu tun wie der berühmte Kaffeesatz mit dem noch berühmteren Satz des Pythagoras. Zitate kommen bestenfalls aus zweiter, wenn nicht gar aus dritter Hand, und selbst naturwissenschaftliche Beweise erstaunen durch ihre Fehlerhaftigkeit. Ziel ist es, das Christentum zu diffamieren, um eine neue Religion einzuführen, die Religion des Atheismus. Selbst das ist nicht neu und hat es immer wieder gegeben.

Auch wenn es mir um die Bedeutung der Religion geht, werde ich als Europäer vornehmlich von der Religion sprechen, die Europa geprägt, ja, man kann sogar sagen, geschaffen hat: von der christlichen Religion. Das soll keineswegs andere Religionen wie beispielsweise das Judentum

11

oder den Islam herabsetzen, die ich sehr schätze, aber ich will den Rahmen der Diskussion nicht unnötig ausweiten. Alles, was über die Bedeutung der Religion gesagt wird, gilt *mutatis mutandis* für alle Weltreligionen.[4] Die Wege der Menschen zu Gott sind natürlich unterschiedlich, und jeder muss für sich entscheiden, welcher der richtige für ihn ist. Jesus hat es im Johannes-Evangelium auf den Punkt gebracht, als er sagte:

»Im Haus meines Vaters sind viele Wohnungen.« (Joh 14,2)

Kassandras Vorbild

Inzwischen gelten die Religionen dem modernen Denken als Schmuddelkind. Man schämt sich ihrer. An Gott zu glauben stellt eine Peinlichkeit dar, und es soll Leute geben, die eher zugeben würden, einen Pornofilm gesehen als einen Gottesdienst besucht zu haben. Überdies gibt es kein Verbrechen, für das die Religionen nicht verantwortlich gemacht worden wären. Die Tatsache, dass sich nicht die guten, sondern nur die schlechte Nachrichten verkaufen, charakterisiert den Zynismus unserer Zeit. Polemik erlaubt, dass man sich über den Gegenstand erhebt und so viel besser als das ist, worüber man spricht. Polemik ist cool, heißt: narzisstisch und empathielos.

In dieses Horn mag ich nicht blasen. Dieses Buch stellt sich in die Tradition der Lobliteratur. Lob setzt Mitgefühl voraus, erfordert, dass man zustimmt und sich bekennt. Dass es höchste Zeit ist, die Religion zu loben, wird zu zeigen sein.

Nach der notwendigen Kritik der Religion im Gefolge der Aufklärung setzten die überflüssigen Schmähungen des Glaubens ein. Noch heute schwingt bei jedem Religionsbashing die Attitüde der Kühnheit mit, als ob dem Kritiker die Inquisition auf den Fersen wäre und in Europa heute Tapferkeit dazugehöre, um Atheist zu sein.[5] Das Gegenteil ist in manchen Bereichen und Gegenden der Fall.

In Wahrheit bedarf es der Kühnheit, in dieser Welt Verantwortung zu übernehmen, für etwas einzustehen und sich zu etwas zu bekennen. Es lohnt sich nicht nur, es ist vor allem erforderlich, das Wagnis eines Lobs der Religion einzugehen.

Jede Religion beginnt mit dem Glauben, wie übrigens auch jede Wissenschaft. Wissenschaftliches Arbeiten setzt die Gewissheit voraus, dass die Welt tatsächlich existiert und die Natur sich mit Gesetzmäßigkeiten beschreiben lässt, sich in ihr Konstanten finden. Weshalb sollte nicht die gleiche Gewissheit, wie sie für die Natur stillschweigend reklamiert wird, auch für Gott gelten, ihren Schöpfer?

Der Begründer des modernen Weltbildes, René Descartes (1596–1650), legte für die Wissenschaft einen neuen Grund, indem er den universellen Zweifel zur Methode erhob. Er wusste zugleich, dass der Zweifel die Gewissheit als Anker benötigt, um nicht im Strudel der Skepsis unterzugehen. Gewissheit setzt ein, wenn das Fürwahrgehaltene als Wahrheit akzeptiert wird. Deshalb schloss Descartes zwei Dinge kategorisch vom Zweifel aus, die er für gewiss hielt, indem er sich auf ihre Wirkungen berief: das Ich und Gott. Da das Denken einen Ursprung haben muss, kann dieser Ursprung nur im Denkenden, also im Ich liegen. So kommt Descartes auf den über jeden Zweifel erhabenen Satz: *Cogito ergo sum* (Ich denke, also bin ich). Denn wenn ich nicht denke, wer ist es dann, der diesen Gedanken denkt?

Sind wir Ebenbilder Gottes, kann es mit Gott als denkendem Super-Ich nicht anders zugehen. Gott muss es geben, sagt Descartes, denn er stattete mich mit der Fähigkeit aus, ihn zu denken. Wie sollte ich sonst auf diese weit hergeholte Idee kommen, wenn er mir die Fähigkeit, ihn zu denken, nicht eingegeben hätte? Denn ich nehme ihn aus dem Denken und nicht aus der Anschauung, kann ihn weder berühren noch sehen, noch hören wie die Gegenstände der Natur. Da ich ihn nicht aus der Empfindung, aus den Sinneswahrnehmungen bekomme, muss dieser Gedanke meinem Denken bereits von vornherein, nämlich von Gott eingepflanzt worden sein.

Gott und das Ich, da war Descartes sicher, existieren über jeden Zweifel, der Rest ist Verhandlungssache. Dort beginnt das Geschäft der Wissenschaft, dasjenige, was des Zweifelns würdig ist. Das Ich und Gott, das Einzelne und das Absolute stehen sich gegenüber, dazwischen aber liegt die Welt. Verliert das Einzelne den Bezug zum Absoluten, überhebt es sich, saugt es Gott quasi in sich auf und »vergottet« sich demzufolge selbst. Mit dem Effekt, dass der Mensch als Wissenschaftler zum Zauberlehrling wird, dem – und das ist die katastrophale Pointe – in der Not kein alter Meister mehr helfen wird. Denn den hat der Zauberlehrling in einer Mischung aus unbegreiflichem Leichtsinn und intellektuellem Narzissmus über die Klinge der Empirie springen lassen.

Die Hinwendung des Ichs zu Gott vollzieht sich im Glauben, ihre Form nennen wir Religion. Über Religionen nachzudenken beginnt demzufolge mit dem Glauben. Wer sie loben will, muss ihn preisen. Dass umgekehrt eine Kritik der Religion zugleich den Glauben träfe, kann hingegen nicht ausgesagt werden, denn der Glauben erschöpft sich nicht in seinen praktischen Formen – er ist so unendlich viel mehr als Religion. Ohne Glauben existieren keine Religionen, aus ihm heraus entstanden sie, durch ihn leben sie. Glauben ohne Religion widerspricht sich selbst. Glauben außerhalb von Religionen schafft sich in den Ideologien quasireligiöse Formen. Im Gegensatz zu den Religionen haben Ideologien endliche Zwecke.

Die Kritiker der Religion übersehen allzu gern den sie bedingenden Glauben, weil er ihnen nicht in die Argumentation passt. Schärfer gesagt: Die Kritik der Religion muss die Religion vom Glauben trennen, um sie in das Objekt ihrer Kritik zu verwandeln. Glauben wird sowohl von den Verächtern der Religion als auch von den Mächtigen ignoriert, denn er ist, wie gezeigt werden wird, der Ort höchster Freiheit und mithin Quelle stärkster Subversion. Mächtige hegen im Allgemeinen keinerlei Interesse für die Freiheit ihrer Untertanen, Bürger oder Angestellten. Ignorieren bedeutet marginalisieren, eine Form der Manipulation, die uns einzureden gedenkt, was wichtig ist und was nicht. Wer inmitten des medialen Hurrikans bedrohlicher Meldungen über die Finanzkrise, die Euro-Rettung, den islamistischen Terror, die Globalisierung und die Klimaerwärmung über so etwas Antiquiertes wie den Glauben nachsinnt, denkt außerhalb der Zeit.

Außerhalb der Zeit befindet sich der Historiker, der von außen zugleich auf die Zeit und die Zeiten schaut. Der Standpunkt des Historikers ist der objektiv möglichste. Erkenntnis zu gewinnen setzt voraus, sich vom Diktat und von den Verführungskünsten der öffentlichen Meinung frei zu halten. Das wussten bereits die alten Griechen und sie haben in der Seherin Kassandra ein für alle Zeiten gültiges Exempel geschaffen. In diesem Sinne ist Kassandra die erste Historikerin. Sie schaute von außen auf die Zeit und die Zeiten:

Apoll hatte ihr bekanntlich die Gabe verliehen, die Zukunft vorauszusehen, sie gleichzeitig aber mit dem Fluch geschlagen, dass niemand ihren Prophezeiungen Glauben schenkte. Den Unglauben ihrer Zeitgenossen verursachte bei näherem Hinsehen eigentlich das Unverständnis. Wie zu allen Zeiten war die Öffentlichkeit mit dem Wichtigen, dem

»Angesagten« beschäftigt, Kassandra aber sprach vom scheinbar Unwichtigen. Sie warnte die Trojaner vor dem riesigen Holzpferd der Griechen, während die, trunken von ihrem scheinbaren Sieg, alle Warnungen in den Wind schlugen. Die Tragik der Troer rührte nicht daher, dass sie Kassandra nicht glaubten, sondern aus der völligen Verkennung der Themen der Zeit. Sie nahmen Kassandras Warnungen nicht wahr. Sie schüttelten die Köpfe, sie lachten sie aus, sie zeigten sich entnervt über die lästigen Prophezeiungen der Frau – sie wussten sich in Einklang mit dem Angesagten, dem gesunden Menschenverstand, den Immanuel Kant viel später einen hausbackenen Gesellen nennen sollte. Und überhaupt, welchen Wert haben für den Realisten, für den, der »mit beiden Beinen im Leben steht«, schon Prophezeiungen, wo wir für alles in der Welt doch verlässliche Analysen und noch verlässlichere Statistiken besitzen. Was sich in Zahlen ausdrücken lässt, muss wahr sein.

Die Troer jedenfalls starrten habgierig auf das Pferd und freuten sich über die Argumente, die empfahlen, den Koloss in ihre Stadt zu ziehen. Von dem Tod und Verderben bringenden Inhalt des Götzenbildes mochten sie nichts hören, weil sie nicht glauben wollten, was ihren Augen verborgen blieb. Das, was man nicht sieht, existiert nicht, was man nicht messen oder wiegen kann, ist Spinnerei, was die Wissenschaft nicht bestätigt, Aberglauben.

Kassandra, die erste Historikerin, lebte jedenfalls außerhalb der Zeit. Niemand hörte ihr zu. Der Zeitgeist genießt zu jeder Zeit seine Gegenwartsblindheit, er feiert innerhalb seiner Gegenwart, in ihrem Verlies, das er sich schöngesehen hat. Gelänge es, was eigentlich unmöglich scheint, ihn aus dem Verlies zu befreien und ins Freie zu führen, stünde er geblendet da. Das apollinische Verhängnis besteht darin, dass die Zeitgenossen den Insidern, nicht den Outsidern, dem Zeitgeist und nicht Kassandra, denjenigen, die innerhalb der Zeit, und nicht denjenigen, die außerhalb der Zeit denken, ihre Aufmerksamkeit schenken. Dass sie der Pracht des Trojanischen Pferdes verfallen, anstatt nach Sinn und Absicht zu fragen.

Man vertraut dem Zeitgeist, weil man entweder hören will, was man zu hören wünscht, oder weil das Interesse geschickt, besser noch mit ausgebufften Methoden der Manipulation gelenkt wurde. Oder weil man meint, dass die vielgestaltige Welt sich im eigenen Gesichtskreis erschöpft.

Ein Lob der Religion in unseren Tagen will sich dem Zeitgeist widersetzen, will dazu einladen, den »Outsidern« zuzuhören, will Kassandras Beispiel folgen und das Geheimnis des Trojanischen Pferds, das die Ideologen der Wissenschaftlichkeit in die Mitte unserer Gesellschaft gestellt haben, entlarven, bevor es seine zerstörerische Kraft entfalten kann.

Anders formuliert: Die Menschen scheinen Sklaven ihrer Paradigmen zu sein. Dieses Joch gilt es zu brechen. Denn der Glauben fügt sich in kein Joch. Das Denken muss sich vom Joch des aktuellen Paradigmas befreien, wie sich Albert Einstein seinerzeit vom Paradigma der Newtonschen Physik löste, um zu einer neuen Physik zu kommen. Der Zweifel mag hierfür den Rammbock abgeben, Halterung und Gestell für ihn bildet der Glauben. Auch die Kraft des naiven Fragens entspringt dem Glauben. So ist es der Glauben, der die paradigmensprengenden Energien generiert, das eigentlich anarchische, das schlechthin dynamische Prinzip in der Geschichte. Das ist meine These.

Außerhalb der Zeit betrachtet existiert also kein wichtigeres Thema für die Gegenwart als die Wirklichkeit des Glaubens.

Wenn der Glauben keine Wirklichkeit besitzt, bedarf es keiner Religion mehr. Sie steht im engen Verhältnis zur

Freiheit, zur Selbstbestimmung und zur Menschenwürde. Die Frage lautet: Müssen wir uns im eigenen Interesse endgültig und endlich vom Glauben verabschieden oder uns aus den gleichen Gründen für ihn entscheiden? Es wird schon bald deutlich werden, dass das existenzielle Interesse für den Glauben kein theoretisches, sondern ein eminent praktisches ist.

Setzt man voraus, dass der Glauben ein gesellschaftliches Phänomen ist – und niemand kann das bestreiten –, dann folgt daraus, dass die Betrachtung des Glaubens historisch zu erfolgen hat.[6] Da der Glauben die Menschen seit früher Zeit begleitete, ist er selbst ein historisches Phänomen – man denke nur an die mesolithischen Höhlenbilder von Lascaux, an die neolithischen Tempel von Göbleki Tepe, an die himmelstürmenden Zikkurate (die Vorbilder der berühmten Himmelsleitern), an die Pyramiden von Gizeh, die Tempel der Griechen und Römer, die Kirchen und Moscheen, die Heiligen Schriften von den Unterweltsbüchern der Ägypter bis zur Bibel und dem Koran.

Methodisch stellt sich die Frage, ob der Glauben Produkt der Geschichte oder die Geschichte Produkt des Glaubens ist. Wenn der Glauben nicht ein undefiniertes Phänomen, sondern eine Kraft in der Menschheitsgeschichte darstellt, Geschichte und Glauben sich gegenseitig durchdringen, lässt sich die Tätigkeit des Glaubens in und an der Historie an seinen Wirkungen erkennen. Er wirkt mittelbar und unmittelbar, vermittelt in den Religionen, unvermittelt als Bestandteil des Bewusstseins.

Drehen wir in einem Gedankenexperiment die Frage radikal um, machen wir reinen Tisch – Tabula rasa mit den Resultaten des Glaubens. Was wäre, wenn es den Glauben nicht gegeben hätte? Wie sähe ohne ihn unsere Welt aus? Schöner? Freier? Reicher? Humaner, wie oft behauptet wird?

I.

Als ob: Eine Welt ohne Religion

Ohne Glauben kein Bewusstsein

Der Glauben wirkt neben der Wahrnehmung bei der Ausbildung des Bewusstseins. Sobald der Mensch sich seiner selbst bewusst wird, verortet er sich, erkennt sich in Zeit und Raum, vermag sich von außen zu sehen, in seiner Umgebung. Der Mensch wird für sich selbst Objekt seiner eigenen Wahrnehmung in dem Moment, wo er beispielsweise über sich als Bestandteil der Gruppe nachdenkt oder sich als etwas Geschaffenes empfindet, in dem Moment, wo er Götter oder göttliche Ahnen annimmt, Totems akzeptiert und Reisen im Geiste, also des Geistes, unternimmt – und wenn sie nur in der Vorwegnahme eines Weges bestehen, den der Körper später zurücklegen wird. Der Geist hat sich vom Körper gelöst und war bereits am Ziel. Indem der Mensch für sich selbst zum Objekt wird, wird er selbst auch Subjekt und wird zum Subjekt für sich selbst. Er erwirbt die Fähigkeit, geistig den eigenen Körper zu verlassen und sich von außen zu betrachten, als Teil einer Gemeinschaft, als Schöpfung eines Ahns oder eines Gottes.

Wenn der Mensch in der Lage ist, sich von außen zu betrachten, geistig die Physis zu verlassen – das wäre die erste Operation der Meta-Physik –, dann bedeutet das doch auch, dass im menschlichen Körper ein Zweites wohnt oder eingeschlossen ist, das, was später Geist (*nous*), Seele (*psyche*) oder göttlicher Hauch (*pneuma*) genannt wurde.

Dasjenige, was die Reisen und Vorwegnahmen, das Planen und Analysieren unternimmt und nach dem Tod den Körper verlässt.

Die Fähigkeit, sich selbst, die eigene Umwelt, von außen betrachten zu können, ermöglicht dem Menschen, eine quasi göttliche Perspektive einzunehmen: »… und ihr werdet sein wie Gott« (1. Mose 3,5). Gott spiegelt sich in uns. Und weil das so ist, muss das, was den Körper verlassen und sich folglich von ihm trennen kann, der Geist, die Seele, das Pneuma, wie es auch immer genannt wird, auch von Gott oder von den Göttern kommend, eine Spiegelung Gottes sein. Es ist das Ewige im Menschen. Die Gnostiker fanden dafür den Begriff »Lichtfunken« und der Philosoph[7] Meister Eckhart sprach vom »Seelenfünklein«, dem göttlichen Funken im Menschen. Dieser Geist, diese Seele, dieses Pneuma, dieses Seelenfünklein ist, indem es die Verbindung zu Gott darstellt, das Ewige im Menschen, sein Anteil an der Ewigkeit. Denn Gott ist ewig und schenkt dem Menschen das, was ihn in seiner befristeten Existenz übersteigt.

»Das Gefühl einer schlechthinnigen Abhängigkeit meiner hat zur Voraussetzung ein Gefühl einer schlechthinnigen Überlegenheit (und Unnahbarkeit) seiner.«
(Friedrich Schleiermacher)[8]

Das Tröstliche an dieser Vorstellung sagt dem Menschen, dass nicht alles von ihm stirbt. Ein Teil – und zwar der wichtigste – ist ewig und unzerstörbar. Diese, wenn man so will, außerkörperliche Erfahrung bildet eine Voraussetzung für religiöse Vorstellungen, mögen sie die Ahnen oder die Götter betreffen.

Die erste Operation des Denkens besteht also darin, Unterschiede zu erfassen, die zweite, Verallgemeinerungen zu treffen, die dritte, den eigenen Standort in der Welt zu bestimmen. Es ist hier nicht der Ort, eine Phänomenologie des religiösen Bewusstseins auszuführen, wichtig für das Verständnis des Zusammenhangs aber ist erstens, dass religiöses und auch magisches Bewusstsein entsteht, weil der Mensch die praktische Erfahrung des Körper-Seele-Dualismus macht, und zweitens, dass der Ausdruck des religiösen oder religiös prädisponierten Bewusstseins aller Menschen der Glauben ist, aus dem das Wissen hervorgehen wird. Was die Menschen unterscheidet, ist nicht, ob sie glauben oder nicht, sondern woran sie glauben. Der rumänische Religionswissenschaftler Mircea Eliade (1907–1986) hat das sehr treffend formuliert:

»Die meisten religionslosen Menschen verhalten sich immer noch religiös, auch wenn sie sich dessen nicht bewusst werden.«[9]

Man kann auch sagen: Wer nicht glaubt, glaubt lediglich, nicht zu glauben. Ohne den Glauben an etwas, das unsere Existenz übersteigt und in uns ist, entsteht kein Bewusstsein. Ohne den Glauben hätten wir die Höhlen Afrikas niemals verlassen. Wir wären nicht einmal auf den Gedanken gekommen, weil wir nicht zu denken gewagt hätten, dass außerhalb der Höhle Leben möglich ist, ja, dass außerhalb der Höhle etwas existiert. Denken setzt Glauben voraus.

Ohne Religion keine Mathematik

Der Glauben wirkt im Gewand der Religion. Die Folgen dieser Wirkung sind offensichtlich: Dass keine Gotteshäuser und Tempel errichtet worden wären, wenn die Menschen nicht religiös denken, fühlen und handeln würden, versteht sich von selbst. Glaubt man nicht an Götter, entfällt die Pflicht, sie anzubeten, ihnen zu dienen, und dann wären Gotteshäuser und Tempel obsolet. Man sollte nicht vorschnell über diese Selbstverständlichkeit hinweggehen, denn in dem Beispiel verbirgt sich mehr, als es im ersten Moment den Anschein hat.

Das Bauen besitzt stets auch einen stark gesellschaftlichen Aspekt, es bildet Gemeinschaften oder zerstört sie, wie die Errichtung des Tempels von Jerusalem und der Turmbau zu Babel[10] eindrucksvoll zeigen. Im Bauwerk versinnbildlicht sich die Gemeinschaft, bildet sie sich genau genommen ab. Ganz gleich, ob es sich um Familie, Clan oder eine Volksgruppe handelt. Es bedarf keiner näheren Erläuterung, dass die Herausforderung für die Kunst des Bauens nicht im Errichten einer Lehmhütte[11] besteht, sondern im Schaffen größerer Bauwerke, die auch die Koordination von Arbeitskräften und ein hohes Maß an Planung erfordern.

Priesterkönige leiten die Errichtung der Tempel, um die sich die ersten Städte gruppieren als praktischer Ausdruck eines idealen Planes einer göttlichen Welt – eine mit den Kräften des Menschen realisierte Topografie des Göttlichen. Eine später Mythologie genannte Religion verpflichtet die Menschen im Zweistromland immer wieder, ihre Arbeit liegen zu lassen und unter Leitung dieser Priesterkönige Kanäle zu graben und zu erhalten.[12]

Der Einwand, dass Bewässerungskanäle einem praktischen Nutzen und einer existenziellen Notwendigkeit geschuldet sind, trifft zwar zu, berührt aber nicht die aufgeworfene Problematik. Erstens müssen existenzielle Notwendigkeiten und praktische Erfordernisse mit ihrer religiösen Absicherung nicht im Widerspruch stehen. Zweitens, und hier wird es in der Tat interessant, hätte, wenn die Menschen nicht an ein religiöses Weltbild, nicht an das Wirken der Götter, glauben würden, der Bau der Kanäle für sie keinen Sinn. Das klingt paradox und muss erklärt werden.

Im Süden Mesopotamiens liegt der Indische Ozean, der fruchtbares Land anschwemmt. Wenn die Flüsse Euphrat und Tigris regelmäßig über die Ufer treten, verteilt ihr Wasser den fruchtbaren Schlamm auf dem Land. Zudem rühren die Überschwemmungen nicht nur von den Flüssen her: Das Wasser wird auch aufgrund eines hohen Grundwasserspiegels aus dem Marschland gedrückt, kommt also von unten. In den Vorstellungen der Mesopotamier findet sich deshalb das eindrucksvolle Bild der beiden Ozeane, des äußeren, des Salzwassermeeres, und des inneren, des Süßwassermeeres. Die Böden sind also zu ent- und zu bewässern. Dazu legen die Mesopotamier Kanäle an.

Der Gott Ningirsu, ein Fruchtbarkeits- und Vegetationsgott, kümmert sich nicht nur um die Felder und das Wachstum, sondern zugleich um die Kanäle. Die Konzentration der Aspekte in *einer* göttlichen Person verdeutlicht den Zusammenhang in vollkommener Weise. Die Kanäle sehen die Mesopotamier als Lebensadern des Landes an – kein Wunder, dass ihnen besondere Aufmerksamkeit gilt. Der Bau und die Erhaltung der Kanäle erzwingen eine staatliche Organisation, ohne die diese Gemeinschaftsaufgabe kaum zu bewältigen ist. Gleichzeitig bringt der Ackerbau, der durch die Verbesserung der Böden ermöglicht wird, ein Mehrprodukt hervor, sodass sich die Gesellschaft differenziert und hierarchisiert. Religion wird zum Ordnungsprinzip gemeinsamer Arbeit und bildet dadurch die ersten Gesellschaften. Wenn Glauben Gemeinschaft und Religion Gesellschaft geschaffen hat, dann kommen dem Glauben und den Religionen – zumindest historisch – eine immense zivilisatorische Bedeutung zu.

Das gilt nicht nur für das alte Mesopotamien: Was der Mensch auch anpackt, es steht im Verhältnis zu den Göttern. Alles, was er beginnt, muss von den Göttern mit Wohlgefallen beurteilt werden. Bis heute findet man in der Sakralarchitektur runde Formen und Grundrisse. Der Ring symbolisiert das Leben, die Ewigkeit, den unauflösbaren Bund, aber auch die Ordnung. Zerbrochene Ringe bedeuten das Chaos, das Ende der Ordnung. Erst die Kreisbewegung des Lebens aus Geburt, Tod und Geburt erzeugt die Ewigkeit. Oder anders: Weil es die Ewigkeit gibt, existiert Geburt, Tod und Geburt. So wie der einzelne, in seiner Lebenszeit begrenzte Mensch in der Aufnahme in den höheren Kreislauf des Lebens erst Sinn und Trost in seinem Dasein findet, so symbolisiert die Gestalt des Kreises, seines Heiligtums dieses Aufgehobensein, macht sie die Ewigkeit für den Menschen erfahrbar. Ohne diese Sinngebung erklärt sich kein Mut zum Aufbruch, ergäbe es in der Tat keinen Sinn, die Höhle zu verlassen.

Den Menschen drängt es dazu, die Gegenwart der Götter immer wieder zu erleben. Er fühlt sich ihnen nicht nur verpflichtet, sondern er will sie auch seinen Zwecken verpflichten. Es gehört in einigen Kirchen noch bis auf den heutigen Tag zum Osterbrauch, vor Ostern die Kirchenfenster zu verhängen, um dann zu Ostern, wenn der Priester verkündet: »Christus ist auferstanden«, die Verhüllung plötzlich fallen zu lassen, sodass das Licht von draußen mit einem Mal durch alle Kirchenfenster dringen kann. Im Augenblick des Eindringens des Lichts in die Finsternis ergeht seit alters her Gottes Versprechen, dass der Aufbruch in die Welt sich lohnen wird. Es ist in diesem Moment, als spräche Gott die großartigen Worte aus Jesaja 10,24:

»Darum spricht der Herr der Heerscharen: Fürchte dich nicht, mein Volk, das in Zion wohnt, vor Assur, der dich mit der Rute schlägt und gegen dich den Stock erhebt.«

Nicht weniger fühlt man sich an Gottes Prophezeiung an Abram erinnert:

»1 Nach diesen Ereignissen erging in einer Vision das Wort des Herrn an Abram: Fürchte dich nicht, Abram! Ich bin dein Schild und dein Lohn soll sehr groß sein.

2 Da sprach Abram: Herr, mein Herr, was kannst du mir geben, da ich kinderlos dahingehe und Eliëser aus Damaskus Erbe meines Hauses ist?

3 Und Abram fuhr fort: Siehe, du hast mir keinen Nachkommen gegeben; so wird mein leibeigener Knecht mein Erbe sein.

4 Da erging das Wort des Herrn an ihn: Nicht dieser wird dein Erbe sein, sondern dein leiblicher Spross wird dich beerben.

5 Und er führte ihn hinaus ins Freie und sprach: Sieh hinauf zum Himmel und zähl die Sterne, wenn du sie zählen kannst! Dann sagte er zu ihm: So wird deine Nachkommenschaft sein.

6 Er glaubte dem Herrn und der rechnete es ihm zur Gerechtigkeit an.

7 Weiter sprach er zu ihm: Ich bin der Herr, der dich aus Ur in Chaldäa herausgeführt hat, um dir dieses Land zum Besitz zu geben.«

(1. Mose 15,1–7)

Mehr Ermutigung, die auf dem Glauben beruht, ist nicht vorstellbar. Der Glaube selbst wird hier zum Versprechen: Wenn du mir glaubst und dich nicht fürchtest, das Notwendige zu tun, so wird es dir glücken und du sollst reichen Lohn erhalten.

Die ersten großen Religionen, die in der Bronzezeit, also vor 6000 Jahren entstanden sind, haben nicht nur für die verschiedenen Bereiche des Lebens und der Tätigkeiten Götter, sondern sie kennen auch die Geschichten ihrer Götter, wissen, wie die Erde und die Götter, die Riesen und schließlich sie selbst entstanden sind. Man nennt das

Schöpfungsmythen oder die Große Erzählung. Allen Schöpfungsmythen ist gemein, dass die Götter das uranfängliche Chaos besiegen. Alle Schöpfungsmythen kennen Naturkatastrophen wie die Sintflut und Vegetationsgötter, die ein halbes Jahr auf der Erde leben und ein halbes Jahr unter der Erde, wie das Getreide, das als Korn in der Erde liegt und schläft, plötzlich im Frühjahr den Boden durchbricht, wächst und schließlich im Sommer geerntet wird. Der Priesterkönig wird zum Stellvertreter dieser Götter auf Erden. In seiner Person sorgt er für die ständige Verbindung zu den Göttern und garantiert so das Bestehen der heiligen Ordnung, der Hierarchie. Religion stiftet Werte und Sinn, sichert Herrschaft und ist Ausdruck einer Ordnung. Außerdem liefert die Religion eine Erklärung der Welt und des Lebens, und sie fordert dafür nicht weniger, als dass man ihr glaubt. Darüber hinaus beschert die Religion den Menschen »ein seltsam mächtiges Erleben eines Gutes, das nur die Religion kennt und das irrational schlechthin ist, von dem das Gemüt *weiß* in suchender Ahnung und das es erkennt hinter dunklen und unzulänglichen Ausdruckssymbolen.«[13] So findet der Mensch in der Religion existenzielle Absicherung und Versicherung. Ohne Religion gibt es weder Werte, noch Sinn, weder Herrschaft noch Ordnung. Versuchshalber lässt sich der Satz auch umdrehen: In der Person des Priesterkönigs halten die Götter Verbindung zu den Menschen.

Im alten Mesopotamien bildet sich eine Priesterkaste heraus, die letztlich verantwortlich dafür ist, das Leben auf Erden zu erhalten, indem sie es mit der göttlichen oder mythischen Ordnung in Einklang bringt. Dies beinhaltet einige ausgesprochen praktische Tätigkeiten. Die Priester haben die Aufgabe, die Termine für Aussaat und Ernte im Voraus zu bestimmen und auch die Zeiten der Überschwemmung und der Trockenheit vorherzusagen. Die

Daten lesen sie aus den Zeichen der Götter, als die beispielsweise die Sterne gelten. Durch ihre so geduldige wie pedantische Betrachtung der Gestirne erkennen die Babylonier, dass nicht nur der Mond und die Sonne Veränderungen unterworfen sind, sondern auch die Planeten und Fixsterne. Die entscheidende Entdeckung besteht aber darin, dass diese Veränderungen einer strengen Regelmäßigkeit folgen, die vorhersehbar und damit vorhersagbar ist. Diese Regelmäßigkeit verbürgen die Götter, ihre Verlässlichkeit beruht darauf, dass sie im Gegensatz zum Menschen in der Ewigkeit leben. In allen heiligen und kosmologisch-mythischen Schriften findet man deshalb diese Versicherung, die im *Alten Testament* so ausgedrückt wird:

»Künftig, solange die Erde besteht, soll nicht mehr aufhören Saat und Ernte, Kälte und Hitze, Sommer und Winter, Tag und Nacht.«
(1. Mose 8,22)

Aber in dem Satz steckt auch eine deutliche Warnung, denn das alles findet nur statt, solange die Erde existiert. Wenn wir sie in unserem technizistischen Machbarkeitswahn zerstören, dann hören »Saat und Ernte, Kälte und Hitze, Sommer und Winter, Tag und Nacht« auf. Kein Gedanke ist aktueller als dieser, der in dem »barbarischen bronzezeitlichen Text, der unter dem Namen Altes Testament bekannt ist«, steht. (Allerdings verwechselte Gore Vidal hier die Bronzezeit mit der Eisenzeit.)

Die Endlichkeit des Menschen bedarf der Unendlichkeit der Götter, das Einzelne, Vergängliche braucht das Absolute und Ewige. Es muss dafür bürgen – und der Bürgschaft wird geglaubt in der Form der Religion. Nur durch das Absolute vermag der Mensch von sich aufzuschauen und das Konzept der Menschheit als das über den einzelnen Men-

schen Hinausgehende zu entdecken. Gesellschaft, Ordnung, Gesetz wären ohne Religion nicht entstanden. Diese
Tatsache zu leugnen gelingt nur, wenn man die Jahrtausende der Sozialisierung des Menschen ausblendet und
zum Modell der Geschichte den postmodernen Atheisten
oder Szientisten erhebt, mit einem Wort, wenn man ahistorisch denkt und Kassandra mundtot macht.

Mit der von den Göttern garantierten Regelmäßigkeit kann
man im wahrsten Sinne des Wortes rechnen, weshalb die
Babylonier die Mathematik gleich mit erfunden haben. Die
ersten Naturwissenschaftler sind Priester, Menschen, die an
Götter glauben und sich in den Dienst der Götter stellen,
mehr noch: Die Naturwissenschaft entsteht im Dienst der
Götter, ist eine Form der Kommunikation mit ihnen. Das
lässt sich zum Mindesten sagen: Ohne Religion gäbe es
heute keine Wissenschaft, keine Mathematik, keine Astronomie, keine Medizin, keinen Chemie, keine Physik.

Es gereicht der Religion zum Lobe, dass aus ihr die Naturwissenschaften hervorgehen, nur leider nicht zum
Dank. Kritiker wie Verächter der Religion werden ungern
daran erinnert, dass die Babylonier sich nur dieser Anstrengungen unterziehen, weil sie an ihre Weltordnung, an die
babylonische Götterordnung, an die Große Erzählung
glauben. Im Vertrauen an diese Ordnung gehen sie an die
Arbeit und nehmen so ihren Platz in dieser Ordnung ein.

Im hebräischen Wort für »Glauben« (emuna) steckt das
Wort »Vertrauen«. Für den jüdischen Psychoanalytiker Ilan
Kutz bedeutet das Konzept des Begriffes emuna eine »Anfrage Gottes an die Menschen«, die Aufforderung, »seine
Bedürfnisse mitsamt dem Sicherheitsbedürfnis zurückzunehmen und Gott zu dienen (…), dem Menschen die Haltung zu vermitteln, seine Endlichkeit und Unfähigkeit mit
Vertrauen in Gott zu leben.«[14] Die gewonnenen Erkenntnisse, die sozialen und wirtschaftlichen Entwicklungen

rechtfertigten dieses Vertrauen. Gott hält Wort. Auf die Bedeutung der Ordnung weisen übrigens auch die Zen-Buddhisten hin, wenn sie über ihr Fehlen sagen:

»Offene Weite – nichts von heilig.«[15]

Heilig meint nicht nur göttlich erhaben, sondern auch heilend. Das Fehlen von Ordnung bedeutet un-heil, bedeutet Krankheit und Tod. Daraus erklären sich auch die drakonischen Strafen für Frevel und Hybris – es stellt die härteste Sanktionierung für das schlimmste aller Verbrechen dar, die Gefährdung oder Zerstörung der heiligen Ordnung, der Garantie menschlicher Existenz.

Ohne Religion keine Gesellschaft

Deutlicher wird es in der Kultur der alten Ägypter. Die regelmäßigen Überschwemmungen des Nils sind Ausdruck einer göttlichen Ordnung, die es zu erhalten gilt. Die Aufgabe des Menschen besteht für die alten Ägypter darin, diese zyklische Ordnung in Gang zu halten. Das geschieht vor allem dadurch, dass die Priester in den Tempeln präzise vorgeschriebene Rituale zu festgelegten Zeiten abhalten, um so ihre Verantwortung am Ablauf der Zeit zu übernehmen.[16] Die Unterlassung der rituellen Tätigkeit würde in ihrem Glauben zum Ende, mindestens aber zum Anhalten der Zeit führen. Die Sonne stünde am Himmel still, die Wasser des Nils hörten auf zu fließen, die Pflanzen zu wachsen und Mensch und Tier sich zu bewegen und sich zu vermehren. Zeit ist ein Ausdruck für Veränderung, endet die Zeit, verändert sich nichts mehr. Eine negative Ewigkeit – die Leere – setzt ein. Die biologische Bezeichnung hierfür lautet Leblosigkeit oder, ins Existenzielle gewendet: das Leben los zu sein.

Das Weltbild – also die Welt – der alten Ägypter besitzt eine komplizierte Statik, die von einer gleichmäßigen Bewegung in Balance gehalten wird. Eine überholte Weltsicht, aus religiöser Verirrung geboren? Die Diskussion um die Klimaveränderung, um die Ökologie, um das Gleichgewicht der Natur bringt diese alte Vorstellung wieder zu Bewusstsein, wir haben sie in unserem Fortschrittswahn vergessen. Da muss man nicht einmal an die Atomenergie denken. Es genügt, die Vergiftungen durch die industrielle Landwirtschaft anzuschauen, um sich der immensen Gefahr für die Menschen bewusst zu werden. Verliert eine Gesellschaft den Glauben an Gott, so folgt im Verlust die Achtung vor der Schöpfung. Mensch, Tier und Pflanze werden zu Posten einer Kalkulation. Nachdem pflanzliche Nahrungsmittel in den Tank gesteckt werden, geht man nun daran, Tiere zu Kraftstoffen zu verarbeiten. Die ideale Produktionskette für landwirtschaftliche Industriefirmen: Hähnchen werden massenhaft produziert, die Filets werden an die Verbraucher verkauft, Knochen, Sehnen, Kopf, Flügel werden zu Fetten verarbeitet, die man dann der Treibstoffindustrie überlässt.[17] Eine rational perfekte und effiziente Wertschöpfungskette. Was hält uns eigentlich noch davon ab, auch unsere Toten zur Verarbeitung an die Treibstoffindustrie abzugeben, belohnt dafür vielleicht von einem Bonussystem?

Ermöglicht wird ein solches Vorgehen dadurch, dass die Achtung vor Gottes Schöpfung verloren ging. Der religiös befreite Mensch ist verfügbar. Und gespalten: in den Konsumenten, den Wahlbürger, den Steuerbürger, den Patienten, den Kosten verursachenden Pensionär, den Untertan. Im Glauben an Gott hingegen kann der Mensch seine Einheit wiederfinden. Dieses subversive Potenzial von Religion wird verständlicherweise nicht gefördert, vielleicht nicht einmal von den Kirchen.

Dem zeitgenössischen Denken ist diese umgekehrte Perspektive, dass nämlich der Grund für menschliche Aktivität im Spielraum besteht, den die Götter den Menschen in ihrer Welt zugebilligt haben, fremd geworden. Und aus diesem Vergessen entspringen die Allmachtsvorstellungen. Das Gefühl, einen Spielraum *anvertraut* bekommen zu haben, ist verloren gegangen, längst sieht sich der Mensch als Bestimmer der Spielregeln.

Für die Schöpfer der assyrischen Tempel, für die Erbauer von Uruk, für die Baumeister der Pyramiden von Gizeh besteht die Grundlage ihres Handelns im Glauben an eine Ordnung der Welt, die von den Göttern erschaffen wurde. Im Grunde fühlen sie sich als Gäste in der Welt der Götter, eher geduldet als geliebt, eher gelitten als erwünscht, allenfalls als Spielzeug und zum Zeitvertreib erschaffen. Ihre Bauwerke indes stellen in doppelter Weise ein Abbild des göttlichen Paradigmas dar: Zum einen in der Struktur des Bauwerks selbst, wozu die Statik gehört, und zum anderen in der Organisation der Bauarbeiten. Schöner und ergreifender wurde dieser Zusammenhang nie ausgedrückt als in einen der frühen Zeugnisse menschlicher Dichtung,[18] einem in der Tat und nun wirklich bronzezeitlichen Text, im *Gilgamesch-Epos*:

»*Der, der die Tiefe sah, die Grundfeste des Landes,*
der das Verborgene kannte, der, dem alles bewusst –
(…)
vertraut sind ihm die Göttersitze allesamt.
Allumfassende Weisheit erwarb er in jeglichen Dingen.
Er sah das Geheime und deckte auf das Verhüllte,
er brachte Kunde von der Zeit vor der Flut.[19]
(…)
Er baute die Mauer von Uruk, der Hürden (umhegten),
die des hochheilgen Eanna, des reinen Schatzhauses.

(…)
Steig doch hinauf, auf der Mauer von Uruk wandle umher!
Die Fundamente beschaue und das Ziegelwerk prüfe:
ob ihr Ziegelwerk nicht aus Backstein (besteht),
und ob die Sieben Weisen nicht (selbst) ihre Grundmauern
legten.«[20]

Es ist allein der Überheblichkeit geschuldet, wenn man diesen Glauben nicht ernst nimmt und abfällig über die Altvorderen urteilt, denen man vorwirft, aus Mangel an wissenschaftlichen Kenntnissen Märchen zu erfinden, um sich die Welt zu erklären. Vielleicht sehen sie tiefer als wir.

Der Fortschrittsglaube hat die Welt in eine Einbahnstraße verwandelt – und wir wissen nicht, ob am Ende nicht der Abgrund lauert. Es wird zu zeigen sein, wie der Mythos uns Gegenwärtige einholt. Und – das ist das faszinierende am Mythos – er holt einen immer ein, weil er Religion ist, oder anders: Kassandras Wissen.

Am Ende der Bronzezeit, also vor rund 3000 Jahren, haben die Menschen die wichtigsten religiösen Ideale, Bilder, Rituale und Ideen entwickelt. Es existieren die Vorstellungen der strafenden Götter, die als Bild für die Naturkatastrophen Sintfluten verursachen können, wie auch die Vorstellung des Opfers und im Mythos von Osiris die Idee des leidenden Gottes.

Religionen sind, so kann man zusammenfassen, zuallererst Orientierungen in der Welt, sie vermitteln den Menschen einen Sinn, bringen Ordnung in das Chaos. Die Götter errichten den Kosmos, und dadurch und so ganz nebenbei erschaffen sie auch die Welt der Menschen. Mittels der Ordnung der Religionen kann der Mensch seine Welt verstehen. Verstehen bedeutet im philosophischen Sinn, etwas in den Verstand zu bekommen, dieses Etwas in sich existieren zu lassen. Was ich verstanden habe, nimmt in meinem Verstand Gestalt an, ist in mir, existiert. Verstehen ist weit mehr, als benachrichtigt zu werden, kein Lern-, sondern ein Gestaltungsprozess.

Der Lauf der Sonne ist für unsere Vorfahren zunächst keine astronomische Bahn, sondern die Reise des Sonnengottes durch eine mythische Landschaft, die im Zweifel viel realer ist als die tagtäglich beobachtete. Astronomische Erkenntnisse werden nicht als Naturwissenschaft identifiziert, sondern als Theologie verstanden. In den Sternen erblickt man Gottheiten, zumindest die Botschaften der Gottheiten.

In der germanischen Mythologie beginnt der Untergang der Welt, wenn der Fenriswolf von der Kette gelassen wird und den Mond verschlingt, wodurch die Finsternis befreit wird. Der Mond spendet durch seine Regelmäßigkeit, durch sein ordnendes Prinzip Leben, er beherrscht die Finsternis. Durch seine regelmäßige Veränderung erlaubt er, die Zeit einzuteilen. Nicht umsonst geht unser Begriff Monat auf das Wort »Mond« zurück. Ein Monat bedeutete ursprünglich ein Mondzyklus. Wirklich menschliches, also bewusstes Leben beginnt mit der Unterscheidung und der Einteilung von Zeit und Ort, von Leben und Denken. Deshalb wird der Mond zum grundlegenden, zum ersten Gott. Die Wörter »Mond« und »Monat« können auf eine gemeinsame indogermanische Wurzel zurückgeführt werden, *me, und diese Wortwurzel steht für »messen«. Der Mond war also den Indogermanen nicht nur als Gott, sondern auch in der Funktion des Messens, als Messender, oder theologisch auch als Bemessender bekannt.

Das ist die eine existenzielle Grunderfahrung. Die zweite besteht darin, dass aus der Erde alles wächst und alles wieder zu Erde wird. Die frühesten Götter sind der männliche Himmel und die weibliche Erde.

Doch der Sonnengott wird immer wichtiger. Er wird angebetet, muss aber vor der Finsternis, die ihn verschlingen will, beschützt werden. Das Leben ist grundsätzlich gefährdet. In der altägyptischen Religion wird die Sonne auf einer Barke über den Taghimmel transportiert und muss von Seth gegen die Riesenschlange Apophis verteidigt werden, die sie verschlingen will. Wenn aber Apophis zum Ziele gelangen würde, dann brächen das Ende der Welt und das große Chaos an. Die Welt fiele in ihren Urzustand zurück und die Menschen würden eines qualvollen Todes sterben. Insofern entsprechen Apophisschlange und Fenriswolf einander, obwohl hier keinerlei kulturelle Beziehung oder Beeinflussung stattgefunden haben kann – beide Vorstellungen darf man als unabhängig voneinander ansehen. Sie spiegeln, der Schluss liegt nahe, menschliche Grunderfahrungen.

Aus der Vorstellung des Kreislaufs des Lebens entstand die Idee von der nicht endenden Reise der Sonne und des Sonnengottes durch Welt und Unterwelt, die zwar ewig, aber nicht ungefährdet ist. Im ägyptischen *Pfortenbuch* passiert die Sonne zwölf Pforten und muss von Pforte zu Pforte begleitet und übergeben werden. Das Passieren der Pforte verlangt die Lösung immer neuer Aufgaben für die Wächter der Sonne, so wie die Priester im Tempel sie mit detailliert festgelegten Riten begleiten und der Mensch jeden Tag stets neue Aufgaben zu lösen hat.

Es ist historisch gesehen also nicht selbstverständlich, dass man morgens aufsteht, sich wäscht, frühstückt, arbeitet, eine Mittagspause einlegt, dann weiterarbeitet und den Abend mit seiner Familie verbringt. Auch wenn uns diese Einteilungen und Gewohnheiten selbstverständlich vorkommen, entstanden sie in langen Zeiträumen – und sie wurden von den Religionen definiert, wie wir an den ägyptischen Glaubensvorstellungen sehen können. Ohne Religion existierte keine Einteilung der Zeit. Religion und Ritus verleihen dem Tag ein Zeitkorsett, so wie religiöse Maximen moralische und hygienische Regeln aufstellen. Sie verpflichten den Menschen dazu, Zeiten einzuhalten.

Bleiben wir in der umgekehrten Perspektive: Die Götter erschaffen den Menschen, sie errichten die Ordnung der Welt, wie sie uns heute noch in den Bauwerken längst versunkener Epochen, selbst in ihren staunenswerten Ruinen, entgegenleuchtet. Damit aber schaffen sie mehr, nämlich die Formen des gesellschaftlichen Zusammenlebens, die soziale Struktur als Abbild einer mythischen Struktur, aber auch das Denken und Dichten und schließlich die Wissenschaft, denn die Wissenschaft geht aus dem Glauben hervor. Für Pythagoras, den Erzmathematiker, ist die Mathematik keine Wissenschaft des Rechnens, des Messens und der Verhältnisse, wie sie in Zahlenrelationen, in Gleichungen übersetzt werden können, für Pythagoras ist die Mathematik zuallererst die Sprache der Götter. Um die Götter zu verstehen, betreibt er Mathematik.

Ohne den Glauben an die Götter, ohne Religion existiert also keine menschliche Gesellschaft, keine Entwicklung, keine Wissenschaft, weil Gesellschaft, Entwicklung und Wissenschaft historisch die Religion als Vorrausetzung haben. Der Glauben stellt ein höchst dynamisches und vor allem grundlegendes Element in der Geschichte dar, weil er produktive Hoffnung ist, der Grund des Beginnens werktätigen Schaffens, weil er die Gelingensmöglichkeit verheißt. Der Glauben hat den Menschen geschaffen, aus der Fähigkeit, glauben zu können, erwächst das Ich-Bewusstsein. Um den Glauben nutzen zu können, bildet der Mensch die Religionen, die den Versuch darstellen, mit den Göttern oder mit Gott zu leben.

Wenn es stimmt – und der nur allzu kurze Gang durch die frühe Geschichte des Menschen bestätigt es eindrucksvoll –, dass das Wissen aus dem Glauben und der Religion kommt, dann entstehen die Wissenschaften demnach auch aus dem Glauben und den Religionen. Ohne Glauben lässt sich nicht denken.

Der falsche Gott der Atheisten

Was mich an einigen Atheisten, allen voran Richard Dawkins, ärgert, ist die Grobschlächtigkeit und historische Leichtfertigkeit ihrer Argumentation. Sie gehen mit einer großen Geste des Hochmuts über die Denker der Vergangenheit hinweg, als seien sie – qua Gnade der späten Geburt – evolutionsbiologisch im Vorteil. Die Gottesbeweise, man mag zu ihnen stehen, wie man will, haben mehr verdient, als nur »abgehakt«[21] zu werden. Anders gefragt: Sind die großen intellektuellen Anstrengungen, die von Anselm von Canterbury über Thomas von Aquino, über René Descartes, Baruch de Spinoza, Georg Wilhelm Leibniz bis hin zu Kurt Gödel führen, nicht einmal wert, durchdrungen und verstanden zu werden, und dort, wo sie zu widerlegen sind, ordentlich widerlegt zu werden, anstatt sie lediglich von oben herab »abzuhaken«?

Und wenn man dann nachbuchstabiert, auf welch niedrigem Niveau Dawkins argumentiert, wundert man sich, dass sich die Klugen unter den Atheisten nicht entschiedener von einem solchen »Vordenker« abgrenzen. Dawkins macht in seiner Definition Gottes Gott zu einem Popanz, wodurch er natürlich nicht Gott, sondern lediglich den dawkinschen Popanz ad absurdum führt. Er widerlegt nur seine Vorstellung von Gott. Wie aber ist die? Was verstehen Dawkins und seine Anhänger unter Gott?

Gott ist demnach eine übermenschliche, übernatürliche Intelligenz, »die alles absichtlich gestaltet und geschaffen hat« (sic!). Was nun? Gestaltet oder geschaffen? Wie konnte Gott gestalten, bevor er geschaffen hat? Warum reduziert Dawkins Gott auf eine Intelligenz, wenn auch auf eine

»übermenschliche und übernatürliche Intelligenz«, was das Ganze nicht besser macht, sondern nur diffuser? Wenn es eine übernatürliche und übermenschliche Intelligenz gibt, muss es folglich auch eine menschliche Intelligenz und eine natürliche (?) Intelligenz geben, sonst ergibt die Steigerung keinen Sinn. Was aber soll das sein, eine natürliche Intelligenz? Ist es die Intelligenz des Schachtelhalmes oder die der Stubenfliege? Was ist eine natürliche Intelligenz, wenn die menschliche Intelligenz extra behandelt wird? Oder ist es doch die natürliche Intelligenz des Menschen oder der Aliens? Oder gibt es doch einen Gott, den Dawkins Natur nennt, der eine eigene Intelligenz besitzt, so eine Art Weltgeist, den Gott aber an Intelligenz noch übertrifft? Das wäre dann allerdings reine Gnosis, die große Religion der Spätantike. Die gnostische Spekulation geht von einem fernen guten Gott aus, der mit den Seelen in der Fülle, dem Pleroma, lebt. Irgendwann hat ein Untergott, ein Demiurg, ein Schöpfergott, der in einigen gnostischen Systemen als Böse gedacht wird, die Welt erschaffen und die Seelen in Fleisch und Blut, in Leiber eingesperrt. Das kann Dawkins nicht gemeint haben. Die Religionen gelten ihm so wenig, dass er sich nicht einmal ordentlich wissenschaftlich mit ihnen auseinanderzusetzen braucht.

Die Begründung, warum er gegen Religion ist, beruht wiederum auf falschen Annahmen, nämlich auf der Unterstellung, Religionen lehrten, dass wir die Welt nicht verstehen können. Aber Religionen lehren keineswegs *tutti quanti*, dass die Welt nicht verstanden werden kann. Sie sagen zwar, dass Gott unsere Vorstellungskraft übersteigt, aber dass damit auch seine Schöpfung für uns nicht zu verstehen oder zu erkennen ist, ist damit nicht gemeint.

Zumal trotz aller Plakativität des Satzes gefragt werden müsste, was Verstehen und was Erkennen in diesem Zusammenhang bedeuten und welchen Begriff Dawkins von beiden eigentlich meint. Anselm von Canterbury (1033–

1109), über den sich Dawkins erhebt, ist da klar und deutlich:

*»Denn ich strebe ja nicht zu verstehen, damit ich glaube,
sondern ich glaube, damit ich verstehe.«*[22]

Ich glaube, um zu verstehen. Der Glauben, die Religion
helfen Anselm, die Welt zu verstehen. Ihnen kommt mithin
eine Erkenntnisfunktion zu, ganz im offenkundigen Gegensatz zu Dawkins Behauptung. Denn Anselm ist fest
davon überzeugt, dass die Welt sich verstehen lässt.

Doch weiter: Wenn Gott eine Intelligenz hat wie der
Mensch, nur mehr, dann ist Gott eigentlich wie der
Mensch, nur etwas mehr. Gott in Dawkins Definition wird
zu einer Art Über-Mensch, dessen Intelligenzquotient über
dem der Menschen, Tiere, Pflanzen und Mineralien steht
und der das Wunder vollbringt, absichtsvoll etwas zu gestalten, bevor er etwas erschafft. Noch unterhaltsamer fällt
allerdings Dawkins atheistische Gegenthese aus:

*»Jede kreative Intelligenz, die ausreichend komplex ist, um
irgendetwas zu gestalten, entsteht ausschließlich als Endprodukt eines langen Prozesses der allmählichen Evolution.«*[23]

Der erste Teil der Definition stellt wiederum eine Tautolo-
gie dar: Das Wort »kreativ« bedeutet »schaffen« oder »gestalten«, eine kreative Intelligenz ist eine gestaltende Intelligenz und sie muss natürlich ausreichend komplex sein,
wenn sie etwas schaffen und gestalten will, sonst wäre sie
keine kreative Intelligenz. Der Satz ist nach der Art gebaut:
»Ein jagendes Raubtier, das die körperlichen Vorrauset-
zungen besitzt, um zu jagen, jagt.« Oder: »Ein schwim-
mender Fisch, der über die Fähigkeit verfügt zu schwim-
men, schwimmt.«

Semantisch hat der erste Teil des Satzes keine Aussage. Er sagt, dass eine schaffende Intelligenz ausreichend komplex sein muss, um zu schaffen. Das versteht sich aber von selbst. Es hätte also genügt zu sagen: »Eine kreative Intelligenz entsteht ausschließlich als Endprodukt eines langen Prozesses der allmählichen Evolution.«

Das hätte den Satz aber weniger eindrucksvoll klingen lassen und als Banalität entlarvt. Zumal selbst diese banale Definition noch Fragen aufwirft: Was bedeutet kreativ und was Intelligenz in der Definition? Gehört Kreativität nicht grammatisch zu den Attributen oder logisch zu den Prädikaten der Intelligenz? Was ist eine nichtkreative Intelligenz? Worin äußert sich ihre Intelligenz, wenn nicht im Kreativen? Eine nichtkreative Intelligenz wäre eine passive Intelligenz. Kann eine passive Intelligenz kreativ werden, wenn ja, dann warum und wodurch, oder bleibt sie passiv? Aber eine passive Intelligenz ist genau genommen ein Widerspruch in sich, denn man definiert als Intelligenz die »Gesamtheit der geistig Schaffenden«, abgeleitet von dem lateinischen Wort für »Begriff, Idee, Einsicht, Verständnis«. Es entspricht also dem Begriff der Intelligenz, schaffend zu sein.

Wäre eine nichtkreative Intelligenz ebenfalls das Produkt einer »allmählichen Evolution«? Wenn eine nichtkreative Intelligenz nicht das Produkt einer allmählichen Evolution ist, ist sie dann das Produkt einer Schöpfung? Wenn sie das Produkt einer Schöpfung ist, wer hat sie dann geschaffen? Gott? Der Schöpfer? Der intelligente Kreator? Hat Dawkins in der Definition am Ende den stichhaltigsten Gottesbeweis geliefert, ohne es freilich zu wissen oder bezweckt zu haben? Und letztlich, was ist eine allmähliche Evolution, ist Evolution nicht immer allmählich? Was wäre eine nichtallmähliche Evolution? Eine Kette von Revolutionen oder Erruptionen oder vielleicht nur von Irritationen?

Es ist übrigens vollkommen richtig, dass eine kreative Intelligenz wie der Mensch als Produkt der Evolution entsteht. Aber das widerspricht weder der Existenz Gottes noch den Glaubenssätzen der monotheistischen Religionen.

Aber die eigentliche Frage besteht doch darin, wer den Prozess angestoßen hat. Ist die Evolution ein Werkzeug Gottes oder ist sie ein zufälliger Prozess, der in Gang kam, weil einige Bedingungen günstig aufeinandertrafen? Es ist die alte Frage nach Zufall oder Notwendigkeit. Sie lässt sich eben nicht wissenschaftlich entscheiden, sondern nur glauben. Schließlich kann man die Naturgesetze, ohne ihnen in ihrer Wirkung und Gültigkeit Abbruch zu tun, auch als Signaturen Gottes bezeichnen.

Bei aller Wissenschaft und selbst nach endlosen Diskussionen, feinsinnig oder grob geführt, bleibt dem Menschen die Entscheidung, entweder daran zu glauben, dass das Universum und in ihm der Mensch Gottes Schöpfung sind oder dass einige Zufälle dazu führten, dass der Prozess der Evolution anlief. Woran er glaubt, soll jeder für sich entscheiden, aber wie immer man die Entscheidung auch treffen mag, sie sagt nichts über den geistigen Zustand des Menschen aus. Nur weil sich jemand dafür entscheidet, Gott als die Ursache der Welt anzusehen, ist er nicht geisteskrank, wie Dawkins und Kollegen behaupten. Und nur weil jemand die Welt und sich als einen rein auf Naturgesetzen beruhenden Prozess begreift, der keines Schöpfers bedarf, weil alles die »Natur« gemacht hat, ist er kein Verbrecher oder von minderer Moralität, wie Kirchenvertreter, Theologen und Philosophen in der Vergangenheit oft behaupteten.

Die Entscheidung darüber, was der Mensch glaubt, ist Ausdruck der Freiheit des Menschen. Sie ist zu respektieren. Allein, ohne Glauben lebt eben auch kein Atheist.

Ohne Glauben keine Physik

Stimmen die Naturwissenschaften in ein Lob der Religion mit ein oder übernehmen sie eher die Rolle des Tadelnden? Um das Verhältnis zwischen Naturwissenschaften und Religion zu verstehen, ist es notwendig, in die Geschichte einzutauchen. Der US-amerikanische Literaturwissenschaftler Stephen Greenblatt[24] irrt jedenfalls, wenn er meint, dass die Entdeckung des Lehrgedichts *Von der Natur* des römischen Philosophen Lukrez durch Poggio Bracciolini in den 40er Jahren des 15. Jahrhunderts zur Emanzipation der Naturwissenschaften aus der theologischen Knechtstube des Mittelalters führte. Dadurch bedient er ein Mittelalter- und Kirchenklischee, das um nichts wahrscheinlicher wird, indem man eine Behauptung aufstellt, die allenfalls eine kleine Zahl von Experten überprüfen kann. Die Auffindung der Handschrift durch Bracciolini zu einer Art Urknall der Naturwissenschaft zu verklären entspricht nicht den Tatsachen.

Zum einen fand Poggio Bracciolini lediglich eine Handschrift, der Text selbst war längst bestens bekannt. Giovanni Boccaccio (1313–1375) zitierte schon 100 Jahre vor Poggio Bracciolini fleißig aus diesem Gedicht, das zu einem der Grundlagentexte für Boccaccios Bestseller *Genealogia deorum gentilium* wurde. Zum anderen, was viel wichtiger ist, verkennt Greenblatt die Entwicklung der Naturwissenschaften vollkommen, wenn er sie auf die Entdeckung des naturphilosophischen Textes zurückführt. Hinter Greenblatts Darstellung steht die alte Fabelgeschichte, nach der die Naturwissenschaft sich von der sie unterdrückenden Kirche befreien musste. Dass die Naturwissenschaft den Kreis der Religion verließ, steht außer Frage, aber doch nur, weil sie in ihr erst entstanden ist.

Viel bedeutender für die fulminante Entwicklung der Naturwissenschaften ist die Entdeckung des Platonismus und

Neuplatonismus durch die Florentiner im 15. Jahrhundert. Die Renaissancephilosophie, die ihren Synkretismus mit dem Glauben rechtfertigt, dass es einen Gott gibt, zu dem allerdings viele Pfade, sprich Religionen führen, eröffnet eine völlig neue Perspektive, eine Perspektive, die übrigens vom Rationalismus später hemdsärmelig und endgültig zur Seite geschoben wird. Aus heutiger Sicht – am Ende eines Paradigmas – zeigt sich die große Bedeutung der Neubewertung der Renaissance und ihrer Haltung zur Religion, weil ihre verdrängten Sichtweisen dem Denken Alternativen und Optionen eröffnen, an die wir sonst niemals – gefangen in unserem Paradigma – zu denken wagten. Etwa an die Bedeutung des Gottesglaubens für die Naturwissenschaft.

Denn wenn es zwischen dem 15. und dem 18. Jahrhundert erstmalig galt, eine Welt zu erkennen, so war es immerhin Gottes Welt, um die es sich bei dieser Unternehmung handelte. Dieser Wunsch beseelte Männer wie Galileo Galilei, Johannes Kepler und Isaac Newton.

Auch wenn sich Richard Dawkins die Finger wund schreibt, um sich an der Tatsache vorbeizumogeln, dass die Voraussetzung für den Aufschwung der Naturwissenschaft in der Religion besteht, findet sich kaum einer der Heroen der Wissenschaft, der nicht an Gott glaubt. Bis ins 20. Jahrhundert hinein besitzen Atheisten unter den Naturwissenschaftlern Seltenheitswert, man entdeckt sie eher unter den Philosophen. Atheismus war in der Vergangenheit zwar denkbar und wurde auch gedacht – selbst im »finsteren« Mittelalter –, besaß aber für die meisten Naturforscher wenig Attraktivität.

Isaac Newton beispielsweise verwendet viel Zeit darauf, das Buch Daniel des *Alten Testaments* auszulegen. In seinem posthum 1733 erschienenen Buch *Observations Upon the Prophecies of Daniel and the Apocalypse of St. John* kritisiert er vom Standpunkt des Glaubens aus die Lehre der

Trinität. Dieser Unitarismus hängt wiederum mit Newtons Interesse für die spätantike Geheimlehre des Hermetismus und für die Alchemie zusammen. Diese Vorstellungen stammen wiederum aus dem spätantiken Neuplatonismus oder sind zumindest mit ihm verwandt. Der britische Ökonom John Maynard Keynes (1883–1946) hat Newton deshalb als einen der letzten Magier bezeichnet.[25]

Die Entwicklung der Naturwissenschaft erhält aus dem Neuplatonismus, wie ihn die Renaissance vermittelt, also aus einer Art Neoneuplatonismus, wertvolle Impulse. Isaac Newton hat sich intensiv mit der *Tabula Smaragdina* beschäftigt, von der die Legende berichtet, dass man sie im Grab des Hermes Trismegistos unter einer Statue des Hermes gefunden habe und sie von dem ebenfalls halblegendären Apollonios von Tyana stammen soll. Zu dieser Schrift hat Newton einen Kommentar verfasst, der bis heute nicht veröffentlicht wurde. Er liegt als Handschrift im Archiv des King's College in Cambridge, seinerzeit erworben von John Maynard Keynes, und sein Inhalt ist den Forschern ein Buch mit sieben Siegeln. Wissenschaftshistorisch wäre es hochinteressant zu untersuchen, inwieweit Newtons Ideen zur Physik auf ein Weltbild zurückgehen, in dem sich christliche, hermetische und alchemistische Vorstellungen amalgamieren. Denken wir also den Glauben weg, was bleibt von Newtons Entdeckungen? Was bleibt von Newton, verzichtete man auf seine religiösen Ideen? Wissen und Glauben stehen sich in der Geschichte nicht so ausschließlich und feindselig gegenüber, wie man es nur allzu gern und allzu oft darstellt.

Ein anderes Beispiel: Zu den grundlegenden theologischen Spekulationen der *Bibel* gehören die Meditationen über das Licht. Gott ist Licht, lautet einer der wichtigsten theologischen Sätze. Einer der schönsten lautet übrigens:

»Gott ist die Finsternis in der Seele, die zurückbleibt nach allem Licht.«[26]

Albert Einsteins physikalische Überlegungen beginnen mit dem Nachdenken über das Licht. Was ist Licht?, fragt er. Einstein, der leidenschaftlich an der Weltformel arbeitet, sieht durch Niels Bohrs Anwendung der Quantentheorie, die paradoxerweise Max Planck und Einstein selbst aus der Taufe gehoben haben, das Auseinanderfallen der Welt in Zufälligkeiten und Wahrscheinlichkeiten, das ihm missfällt. Deshalb hebt eine spannende Diskussion zwischen Bohr und Einstein an, die in Einsteins Satz gipfelt: »Gott würfelt nicht.« Womit er sagen will, die Welt sei keine Ansammlung von Zufälligkeiten. Darauf antwortet Bohr, dass man noch nicht einmal wüsste, was in diesem Zusammenhang »würfeln« heißen soll.

Die Frage, ob unsere Welt in Details zerfällt oder ob sich eine Einheit denken lässt, treibt manchen Physiker seitdem dazu, mit dem Dalai Lama, mit Theologen und Philosophen zu diskutieren. Denn die Frage ist bislang nicht geklärt: Würfelt Gott mit unserer Welt? Mit anderen Worten: Ist alles Zufall und Chaos oder Notwendigkeit und Harmonie?

Einsteins Einheitsvorstellung fußt auf dem Glauben an die Einheit der Welt, die wir auch Gott nennen können. Die wissenschaftlich korrekte Frage lautet, wie hat sich Einsteins Denken über die Welt entwickelt und welche Rolle spielte darin der Glaube, wie wandelte er sich, wie entwickelte er sich? Einsteins Prämisse von der Einheit der Welt stellt zumindest keine wissenschaftliche, sondern eine Glaubenstatsache dar. Festzuhalten ist: Es gibt in den Wissenschaften bis heute wissenschaftsfreie Räume, die auf ihren Ursprung aus der Religion zurückverweisen. An diesen vorwissenschaftlichen Denkorten werden die Entschei-

dungen für bestimmte Methoden und Annahmen getroffen, Behauptungen aufgestellt und gewichtet. Oft (nicht
immer freilich) sind es Vor-Entscheidungen, eher Ahnung
und Intuition entsprungen, einem partiell vor-bewusstem
Zustand also. Diesen kaum zu erkennenden Spalt zwischen
Intuition und Ratio, das Heureka im Heureka, nenne ich
schlicht technisch: metaphysischen Raum.

Vielleicht ist er der eigentliche Ort des Glaubens. Glaube
vom Wissen umgeben, Glaube als Herz des Wissens, vielleicht sogar Gottes Labor. Ohne diese metaphysischen
Räume ist wissenschaftliches Arbeiten, ist Forschen nicht
möglich. So eng beieinander liegen Glaube und Wissen im
Sinne wissenschaftlicher Erkenntnis. Ein Grund zur Demut besteht in der Tatsache, dass der Mensch nur als Stückwerk in der alle Dimensionen transzendierenden Totalität
der Welt treiben kann, weil er niemals alle Wirkungen seines Tuns wird einkalkulieren können. Demut ist aber wiederum ein religiöser Begriff, und die alle Dimensionen
transzendierende Totalität lässt sich auch Gott nennen. Der
jüdische Philosoph Baruch de Spinoza (1632–1677) hat genau dies im Sinn, wenn er über »Gott oder die Natur«
spricht (*deus sive natura*). Für Spinoza, so lese ich ihn,
funktioniert die Natur als eine Art Wörterbuch Gottes, an
den der Philosoph glaubt. Gott spricht durch die Natur.
Wenn aber die Natur Gottes Wort ist, dann ist es gleich,
ob man von Gott oder von der Natur spricht: *deus sive
natura*.

Spinozas *Theologisch-philosophisches Traktat* ist ein ein-
ziger Hymnus an Gott, ein Lob der Religion, in der glas-
klaren Sprache eines leuchtenden Rationalismus. Der Verstand funkelt bei Spinoza, es ist Gottes Licht, der ihn zum
Strahlen bringt.

Die Beispiele ließen sich mehren. Im Anschluss an die
vorangegangenen Kapitel fasse ich zusammen: Ohne den

Glauben wären die Menschen nicht sesshaft geworden, hätten ohne Religion weder Ackerbau, noch Viehzucht betrieben, keine Tempel und keine Gesellschaften errichtet, keine Kanäle angelegt und nicht versucht, die Welt zu erkennen, um sich mit den Göttern ins Benehmen zu setzen. Eine Welt, auf die man kommt und die man wieder verlassen muss, auf der man nur ein kurzer Gast ist, kann nur eine fremde sein. Wenn der Glauben das Herz des Wissens ist, dann wäre eine Welt ohne Glauben eine Welt ohne Herz.

Glauben ist der Versuch, in einer fremden Welt heimisch zu werden. Das ist die erste Definition des Glaubens. Einen ersten Erfolg erzielt diese Bemühung in der Religion. Sie wird zum Quartiermeister der Menschen auf Erden – und das nicht nur im übertragenden Sinne, sondern ganz direkt, ganz buchstäblich. Die ersten Gemeinschaftsbauten der Menschheit stellen Sakralbauten dar. Weil sie sich um sich sorgen, sorgen sie sich um ihre Götter. Heimisch wird der Mensch auf Erden zuerst in seiner Religion – mehr zum Lob lässt sich kaum sagen.

Die zweite Defintion lautet: Glauben ist in seiner allereinfachsten Gestalt die Gewissheit des nicht zu Wissenden. Der jüdische Historiker und Philosoph Franz Rosenzweig (1886–1929) sagt: »Von Gott wissen wir nichts.«[27] Das nicht zu Wissende ist also Gott. Zunächst meint der Satz über die Gewissheit des nicht zu Wissenden zweierlei, erstens die Gewissheit, dass etwas existiert, das ich nicht wissen kann und über dessen Existenz ich zweitens nichts weiß. Wissen und Glauben stehen in einem Spannungsverhältnis.

Glauben oder Faktenwahn

Wie oft mag sich diese kleine Szene in den Schulen abgespielt haben und sich immer wieder ereignen: »Ich glaube …«, leitet stammelnd der zwölfjährige Schüler seine Antwort auf die Frage des Lehrers ein. Weiter indes kommt er nicht, denn schon schleudert ihm der Lehrer sein Lieblingswortspiel entgegen: »Wissen, nicht Glauben zählt!« Häufig hält besagter Pädagoge das für einen gelungenen Scherz, einige Schüler grienen auch darüber. Der Lehrer hat seine Allmacht manifestiert. Ob sie allerdings im Wissen oder lediglich im Glauben an den Schulstoff besteht, ist nicht nur im Beispiel die Frage.

Dennoch besteht zwischen Wissen und Glauben nach landläufiger Ansicht, nicht nur ein Spannungsverhältnis, sondern ein Gegensatz, mehr noch, der Glauben scheint die gemütsvolle Verkleidung des Nichtwissens zu sein, etwas für geistig schwache, eher gefühlige Naturen. Vor der Allgewalt der Wissenschaft kann sich die Religion nur in den dunkelsten Ecken verstecken.

Richard Dawkins beispielsweise definiert Menschen, die an Gott glauben, 1. als psychiatrische Fälle, 2. als hoffnungslos in der Kindheit indoktriniert und 3. als geistesschwach. Glauben ist nach seinem Dafürhalten eine Art Krankheit, eine Art weitverbreitete Soziopathologie[28] und Religion ein Verbrechen.

Frei nach Dawkins dürfen wir uns beispielsweise Thomas Morus, Erasmus von Rotterdam, Martin Luther, Galileo Galilei, Johannes Kepler, Isaac Newton, Clerk Maxwell, Albert Schweitzer, Martin Luther King, Mutter Teresa, Nelson Mandela und Barack Obama als indoktriniert oder geistesschwach vorstellen oder sie gleich für psychiatrische Fälle halten. Wahrscheinlich haben sie sich auf gesellschaftlichen und juristischen Druck der Zeit nur als Christen getarnt. Das vermutet Dawkins bei einigen von

ihnen. Ein Blick in die Geschichte würde den Evolutionsbiologen darüber aufklären, dass echter Glauben bei großen Persönlichkeiten der Geschichte weit häufiger verbrei-
tet ist als der Atheismus.

Doch was verbirgt sich hinter diesem Glauben? Das All-
tagsbewusstsein hat einen Gegensatz zwischen Wissen und
Glauben konstruiert, im Satz des eingangs geschilderten
Lehrers nahm er Gestalt an. Angelpunkt dieses Gegensat-
zes ist der Begriff der Realität – ich benutze absichtlich
nicht das scheinbare Synonym Wirklichkeit. Denn der Begriff Realität meinte nie die Wirklichkeit, das ist eines der
großen Missverständnisse des 19. Jahrhunderts, das bis
heute anhält.

Der Mensch unserer Zeit, dessen Begriff der Realität sich
aus den Dokusoaps speist, ist der Wissende, dem es auf
Fakten ankommt. Der erste Chefredakteur des Nachrich-
tenmagazins *Focus*, Helmut Markwort, hat es seinerzeit auf
den werbewirksamen Dreiklang »Fakten! Fakten! Fakten!« gebracht und damit versucht, Wahrheit zu assoziie-
ren. Denn den Vorurteilen unserer Zeit gemäß, sagt derjenige, der sich an die Fakten hält, die Wahrheit. Als ob man
nicht mit Fakten lügen könnte!

Aber Faktenkenntnis ist kein Wissen und die Aneinan-
derreihung von Daten ergibt keine Wahrheit. Selbst wenn
eine Ansammlung von Fakten Wissen wäre, stellte sich immer noch die Frage, ob man die Fakten weiß oder ihnen lediglich vertraut. Oder geläufig, aber falsch ausgedrückt, ob
man den Fakten glaubt. Klingt spitzfindig, zeigt aber Folgen. Denn was und vor allem wem glaubt man nicht alles?
Man glaubt einem Politiker und ist nachher enttäuscht.
Man glaubt seinem Bankberater und kann später nur den
Kopf schütteln über seine eigene Einfalt. Man glaubt, im
Recht zu sein, und ballt nach der Niederlage vor Gericht
weiß vor Zorn seine Fäuste in der Tasche. Man glaubt dem

Wahr-Erscheinenden, man glaubt auch dem Halb-Wahren, man glaubt zuweilen selbst der Lüge, was man später entweder niemandem erzählt, um seinen Reinfall aus Scham zu vertuschen, oder man stellt sich als Opfer dar, obwohl man es doch eigentlich hätte wissen können. Denn niemand vermag jemanden zu belügen, der sich nicht belügen lassen will, nur weil es ihm einfacher vorkommt, in der Illusion der Wahrheit als in der Wahrheit selbst zu leben.

Aber was hat der Glauben mit der Wahrheit zu tun? Alles, denn ohne Wahrheit kann es keinen Glauben geben. Wenn man etwas nicht für wahr halten würde, würde man es nicht glauben. Wenn man nicht glaubte, würde man dann etwas für wahr halten? Gäbe es ohne Glauben Wahrheit? Auf dem weiten Weg zwischen dem Fakt und der Wahrheit liegt in jedem Fall die Interpretation.

Also scheint alles, woran man im Alltag glaubt, mit religiösem Glauben nichts gemein zu haben, und dasjenige, was man glauben könnte, weil es mit dem religiösen Glauben tatsächlich in Verbindung steht, findet im Alltag nicht statt. Leben und Glauben scheinen strikt voneinander geschieden zu sein. Was man im täglichen Leben »Glauben« nennt, stellt letztlich zwei Silben dar, die nicht die Bedeutung des Glaubens auszudrücken vermögen, sondern die Bedeutung des Wollens angenommen haben, nicht den Imperativ, sondern die Akzidenz vorstellen. Aber wenn man mit falschen Worten das andere meint, so lohnt es sich durchaus, mit den richtigen Worten das Richtige zu suchen.

Vom Wähnen und Vertrauen

Was bedeutet Glauben uns, und was hat Glauben früher bedeutet? Hat sich etwas verändert? Was sagt das Wort eigentlich aus? Wovon sprechen wir, wenn wir vom Glauben sprechen? Nachdem deutlich wurde, welch immensen Beitrag Glauben und Religion zur Geschichte der Menschheit leisteten, ist es faszinierend und überraschend, die Geschichte des menschlichen Denkens und Fühlens aus der Etymologie des Begriffs Glauben zu verstehen. Wenn der Glauben eine so große Rolle gespielt hat, muss sich das in seiner Begriffsgeschichte widerspiegeln.[29] Lassen wir das Fleisch wieder Wort werden.

Im Großen und Ganzen gibt es zwei völlig verschiedene Bedeutungen des Wortes, die sich genau genommen widersprechen. Einmal finden wir das Subjekt im Zustand der Gewissheit, ein anderes Mal im Zustand der Ungewissheit.

Die älteste Bedeutung des Wortes »Glauben«, die ich bis ins erste Drittel des 1. Jahrtausends vor Christus zurückverfolge, kommt aus einer großen Gewissheit her, aus der Gewissheit, dass es einen oder mehrere Götter gibt, denen man vertraut. Das Althochdeutsche Wort *gilouben,* zirka 8. bis 11. Jahrhundert nach Christus, und das mittelhochdeutsche *g(e)louben*, zirka 12. bis 15. Jahrhunndert nach Christus, bezeichnet das Verhältnis des Menschen zu Gott oder zu den Göttern und wurde mit lateinisch *credere* übersetzt. Es stand für Vertrauen und für »für wahr halten«. Aber auch für Bekennen. Der Glaubende ist sich seiner Sache gewiss, »ich glaube« heißt: »Es ist so, ich vertraue dem, der spricht, deshalb glaube ich ihm, und weil ich ihm glaube, ist es auch so.« Es wurde bereits angedeutet, dass auch im hebräischen Wort für Glauben (*emuna*) zuerst das Vertrauen in Gottes Wort steht, nämlich, dass der Glaubende Gott glaubt.

In der Neuzeit – also ab dem beginnenden 16. Jahrhundert – spaltet sich eine andere Bedeutung ab, die nichts weniger als das ganze Gegenteil darstellt. Plötzlich steht Glauben auch für all das, was nicht beweisbar ist, dann schon bald für das, was man so genau nicht weiß, für etwas, was man zwar gehört hat, dessen man sich aber nicht sicher sein darf. Der Gewissheit des Glaubens steht plötzlich im gleichen Wort die Ungewissheit des Glaubens gegenüber, der Sicherheit der Zweifel. In der Neuzeit wird der Glauben ungewiss und damit zum ersten Mal in der Geschichte die Religion fragwürdig.

Eigentlich übernimmt das Wort »Glauben« in seiner zweiten Bedeutung den Wortsinn von »Wähnen«, denn im Wähnen verbinden sich von Alters her Wissen und Zweifeln im Konjunktiv der Unsicherheit. Was nicht für das Wort »Glauben« galt. Im Wort »Glauben«, wie man es heute gebraucht, stecken also zwei völlig verschiedene und komplett voneinander getrennte Konzepte: 1. Glauben im Sinne von »sicher wissen«, von »Vertrauen«, und 2. Glauben im Sinne von »Wähnen« und »Mutmaßen«. Im Althochdeutschen *Hildebrandslied* (9. Jahrhundert) steht im Original das Wort *waniu* – »ich wähne, ich vermute« – an der Stelle, an der der Übersetzer[30] fälschlicherweise das neuhochdeutsche Wort »ich glaube« setzt: *ni waniu* (»nicht glaube ich …«). Glauben aber verwenden unsere althochdeutschen Vorfahren völlig im Sinne des lateinischen *credere*: ich bekenne, ich weiß, ich vertraue, wie das hebräische *emuna*. So finden wir im altsächsischen Taufgelöbnis immer wieder die Formel *Gelobistu* (glaubst du). Nicht *wanistu* (wähnst du) steht im Taufgelöbnis, noch findet sich im *Hildebrandslied* an der besagten Stelle *ni gelobiu* sondern eben *ni waniu*. Selbst rund 300 Jahre später, bei Meister Eckhart, wird der Unterschied von Glauben und Wähnen noch einmal deutlich in dem Satz:

*»…denn **ein ganzer Glaube** ist viel mehr im Menschen als ein bloßes Wähnen (wan ein ganzer glouben ist vil mer dan ein waenen in dem menschen). In ihm haben wir ein **wahres Wissen**.«* [31]

Glauben wird also auch im Mittelhochdeutschen mit »für wahr halten« verbunden. Wer glaubt ist »in der Wahrheit«, hat »wahres Wissen«. Die Wahrheit ist ein Ort, der den Menschen aufnimmt, der Schutz bietet und vielleicht Heimat ist. Für wahr halten, »in der Wahrheit sein« galt unseren Altvorderen als Glauben. Wer glaubte, befand sich in der Wahrheit, wie er sich im Wissen befand, denn die Wahrheit zu wissen bedeutete Gott zu wissen. Noch nicht, ihn zu kennen, sondern lediglich seine Existenz zu wissen. Mehr noch, da die Wahrheit nur in Gott existierte, hieß in der Wahrheit zu sein, zugleich in Gott zu sein, denn neben Gott konnte es keine andere Wahrheit geben. Das sollte sich ändern.

Bedeutungen fallen nicht vom Himmel und Bedeutungsveränderungen treten nicht zufällig auf. Der Glauben wurde unsicher, weil die Religion unsicher wurde. Glauben und Religion wurden mit Beginn der Aufklärung immer fragwürdiger.

Acht Argumente gegen den Glauben

Gegen Religion wurden viele Einwendungen erhoben, der Glauben an Gott infrage gestellt, und es lohnt sich, diesen Fragen vorurteilsfrei nachzugehen. Ist der Glauben an Gott oder an die Götter so etwas wie der Vampir, der sich beim Hervorbrechen des Lichts der Wissenschaft in dunkle Verliese zurückzieht und dabei die Landstriche seiner Schreckensherrschaft, die armen Menschen, die er geplagt hat, endlich freigibt? Ist der Glauben an Gott nicht mehr zeitgemäß, nur etwas für rückständige, romantische oder geistesschwache Gemüter, sozusagen »Gedöns«?

In der Tat bestehen gegen den Glauben an Gott mächtige Einwände. Zumindest sprechen acht Gründe dagegen und legen die Unmöglichkeit des Glaubens in unserer Gegenwart nahe, einer so gewichtig wie der andere:

1. *Das historische Argument.* Wie soll es in Ansehung der Geschichte der Menschheit möglich sein, an einen Gott zu glauben, der gut, weise und gerecht ist? Müsste diesem Gott angesichts des Elends, der Grausamkeit und der Gemeinheit nicht das Herz vereisen? Im Jüdischen gibt es die Legende von den 36 Gerechten, den *Lamned Waw*. Es heißt, dass Gott die Welt bestehen lässt und die Menschen nicht mehr für ihr böses Tun und Trachten bestraft, weil es 36 Gerechte gibt. Die Existenz der Welt beruht also auf dem Dasein der 36 Gerechten. Jedem dieser Gerechten widerfährt alles Leid der Welt, jeder ist ein Bruder Hiobs, doch keiner verliert den Glauben an Gott und die Liebe zu den Menschen. Wenn Gott diese Gerechten nach ihrem Tod zu sich ruft, ist manchem über die Grausamkeit der Welt das Herz so gefroren, dass Gott ihn tausend Jahre in seinen Händen wärmen muss, um ihn wieder aufzutauen – und manchen vermag nicht einmal Gott zu erwärmen.

Theodor Wiesengrund Adorno meinte in einem Diktum, dass nach Auschwitz kein Gedicht mehr möglich sei, *mutatis mutandis*, wie kann nach Auschwitz der Glaube an Gott möglich sein? Wie kann man nach den Gräueln des Ersten und des Zweiten Weltkriegs, nach dem Holocaust, nach den Konzentrationslagern der Nationalsozialisten und den Gulags der Kommunisten, in denen die brutale Niedertracht in dem so herrlich aufgeklärten 20. Jahrhundert blühte, noch an einen guten Gott glauben, der all dies zuließ? Ist der, den wir für Gott halten, nicht in Wahrheit

Luzifer? Aber auch dann würden wir glauben, nur eben an den Teufel. Die Umkehrung des Glaubens ist nicht das Gegenteil zum Glauben, sie ist nur die Umkehrung des Glaubens. Sind die übervollen Registerbände der menschlichen Leiden nicht eine einzige Anklageschrift gegen Gott? Widerspricht Gottes Gleichgültigkeit nicht seinen Attributen? Und wenn Gott ein Widerspruch in sich ist, dann ist er nicht Gott. Denn Gott kann nicht als Widerspruch gedacht werden. Das erste Argument gegen den Glauben lautet heute, dass dem Glauben das Gegenüber fehlt. Gott kann nicht mit dem Zustand der Welt zusammen gedacht werden. Aber einen leeren Glauben kann es nicht geben. Es muss immer jemand da sein, dem geglaubt wird und an den geglaubt wird. So lautet das historische Argument gegen den Glauben: Es besteht in der Unmöglichkeit der Theodizee im Angesicht der Geschichte der Menschheit.

2. *Das erste naturwissenschaftliche Argument.* Seit den Tagen der Bergpredigt, der Kirchenväter und auch der mittelalterlichen Philosophen hat die Welt sich völlig geändert. Wir haben ein ganz anderes Bild von der Welt. Der Himmel wird von Flugzeugen, Raketen und Satelliten beherrscht. Wo ist der Raum für Gott, für den »Vater unser im Himmel«? Die Frage klingt naiv, aber wer nicht naiv zu fragen beginnt, betrügt sich und andere, der muss überhaupt nicht zu fragen anfangen, weil er trügerische Voraussetzungen blind akzeptiert.

Muss Jesus, der vom Himmel gestiegen und »aufgefahren in den Himmel« (Nizänisch-Konstantinisches Glaubensbekenntnis) ist, sich nicht ständig der Zudringlichkeit der Forschungssatelliten erwehren und seinen Ärger über den Weltraummüll, der sich vor seiner Haustür stapelt, beherrschen? Der Ort Gottes, der in der Bibel benannt wird, lässt sich natürlich fort-allegorisieren, weg-metaphorisieren,[32] doch ich will die Bibel gut lutherisch wörtlich nehmen: In der Welt ist kein Platz mehr für Gott. Oder besser: In unserer Ordnung der Welt besitzt Gott keinen Ort mehr im geografischen und im kosmologischen Sinn. Die Naturwissenschaft vertrieb Gott, indem sie die Welt erkundete, verlor Gott sein Zuhause in ihr. Der große Mathematiker und Astronom Pierre Simon de Laplace (1749–1827) antwortete auf die Frage Napoleons I., weshalb er in seinem Werk *Exposition du systeme de monde* im Gegensatz zu Newton Gott nicht einmal erwähne:

»Sire, je n'avais pas besoin de cette hypothèse-là.« (Sire, ich benötige diese Hypothese nicht.)

So will es die Legende. Die Naturforscher haben das Kleinste im Mikroskop und das Größte im Teleskop vor Augen – nur Gott haben sie bisher nicht gesehen. Wie soll man etwas glauben, was man nicht sehen kann? Daraus ergibt sich, dass es erstens keine Möglichkeit für den Glauben gibt, weil der, an den und dem geglaubt wird, naturwissenschaftlich betrachtet nirgendwo existiert. Wenn er aber nirgendwo ist, dann ist er zweitens aber nicht. So lautet das naturwissenschaftliche Argument gegen den Glauben. Die Naturwissenschaft benötigt zur Erklärung der Welt und für eine erfolgreiche Forschung diese Hypothese nicht.

3. *Das theologische Argument.* Wir verstehen Gott nicht mehr, weil wir seine Sprache verlernt haben. Die Sprache, in der Gott in der *Bibel* und im *Koran* spricht, ist ein System, dass vor allem bildhaft-symbolisch kommuniziert. Wir hingegen, ausgelöst von der cartesianischen Revolution, durch den Rationalismus, kommunizieren rational-begrifflich. Gott erreicht uns nicht mehr, weil er nicht mehr unsere Sprache spricht.

Wenn es also Gott gibt, wäre es nicht Zeit für eine neue Offenbarung in heutiger Sprache? Warum offenbart sich

Gott nicht mehr? Weil alles gesagt ist? Die Juden glauben im *Tanach* ist alles gesagt, die Christen im *Alten* und *Neuen Testament* und die Muslime im *Koran*. So gesehen wäre es wirklich Zeit für eine neue Offenbarung. Aber wenn nun niemand mehr da ist, der offenbaren kann? Dann würde Gott nicht existieren, oder Friedrich Nietzsche hätte recht: Gott ist tot. Das ist das theologische Argument.

4. *Das zweite naturwissenschaftliche Argument.* Der Glauben hat wissenschaftlich so oft Unrecht, dass man ihm einfach nicht glauben kann. Charles Darwin (1809–1882) hat gezeigt, wie die Arten sich entwickelt haben. Die Welt ist älter als 6000 Jahre,[33] wie es die Bibel behauptet. Wenn die Bibel aber in diesem Punkt zum Beispiel falsches lehrt oder lügt, warum soll sie an anderer Stelle Recht haben und die Wahrheit sagen? Das ist schwer zu glauben.

Inzwischen steht die Genetik davor, Menschen in nicht allzu ferner Zukunft konstruieren zu können. Was bleibt von der Kreatur, der Idee des Geschöpflichen, wenn Menschen zu einem Konstrukt, zu etwas Zusammengebautem, werden, Creation statt Kreatur? Die Beispiele können beliebig erweitert werden.

Angesichts der wissenschaftlichen Erkenntnisse reduziert sich die Möglichkeit zu glauben mit jeder neuen Entdeckung rapide. Und dieser alte Glauben, der sich auf einen wissenschaftlich höchst unwahren Text stützt, soll Europa retten? Das klingt paradox. So lautet der zweite naturwissenschaftliche Einwand gegen den Glauben.

Nebenfrage: Wissen muss bewiesen, Glauben gelebt werden. Der Inhalt des Glaubens ist keine wissenschaftliche Tatsache, die sich immer in den Grenzen der Vernunft abspielt. Kann man aber etwas leben, was im Widerspruch zum Wissen steht?

5. *Das gesellschaftspolitische Argument.* Glauben hat mit Vertrauen zu tun, aber auch mit Verantwortung. Er fordert dazu auf, denkend und handelnd zu antworten, verantwortlich zu sein. Kann ein Mensch glauben, der nicht in eine Verantwortung hineingenommen werden möchte? Wie kann man erwarten, dass ein Mensch sich als verantwortlich zeigt, wenn er selbst niemanden mehr erreicht, der verantwortlich für etwas ist. Das beste Beispiel hierfür ist das Call Center. Ganz gleich, worum es geht, immer ist eine freundliche Stimme da, die alles aufnimmt und verspricht, es weiterzuleiten. Aber wo leitet die Stimme das Anliegen hin und was resultiert daraus? Welche Gewähr habe ich dafür? Keine. Wunsch und Wille verflüchtigen sich in die Unendlichkeit eines virtuellen elektronischen Raums.

Die neue Ordnung schafft ein neues Chaos, jeden Tag mehr. Wo es keine Verantwortung mehr gibt, existiert auch kein Glauben und das ist die fünfte Unmöglichkeit des Glaubens, er fordert etwas von mir, das im Gegensatz zu dem steht, was die gesellschaftliche Klugheit erfordert. Die gesellschaftliche Klugheit verlangt tagtäglich von mir, keine Verantwortung zu akzeptieren, sie schnell weiterzuleiten, wegzudelegieren, und wenn alles nicht hilft, sie zumindest zu minimieren, indem ich andere »mitverantwortlich« sprich »mitschuldig« mache. Für den Glauben aber ist es die Grundbedingung, dass der Mensch Verantwortung übernimmt. Ich kann also nicht zugleich in der Gesellschaft und zugleich im Glauben sein. So lautet das gesellschaftspolitische Argument gegen den Glauben.

6. *Das gesellschaftslogische Argument.* Wie kann ich mich zu etwas Absolutem absolut bewegen, wenn ich mich selbst in einer relativen Zeit und in stets beweglichen Beziehungen (Relationen) befinde und selbst nicht absolut bin? Muss der zeitgenössische Mensch nicht frei bleiben, flexibel, pragmatisch, für alle Eventualitäten offen? Wie verträgt

sich meine Flexibilität mit der Forderung zur festen Bindung an Gott durch den Glauben? Wäre ein flexibler Glauben eine Möglichkeit? Doch ein so gestalteter Glauben stünde im Widerspruch zu sich selbst, weil er kein absoluter, sondern ein relativer wäre. Relativer Glauben ist aber nicht Glauben. Ein relativer Glauben würde nur einen relativen Gott erlauben, der wiederum nicht denkbar wäre. Denn Gott ist oder er ist nicht, keinesfalls aber ist er vielleicht.

Mit anderen Worten: Eine Gesellschaft, deren praktische, tägliche Daseinsweise die Relativität ist und in der die Flexibilität zur Tugend erhoben wurde, lässt nicht die Möglichkeit für einen absoluten, sondern nur für einen relativen Glauben, der, wie wir gesehen haben, aber kein Glauben wäre.

7. *Das positivistische Argument.* Das 19. Jahrhundert hat die Menschen Europas positiviert, das heißt der Siegeszug der positiven Wissenschaften schuf ein Klima der Fakten. Sie glauben nicht mehr an Gott, sie glauben an Fakten. Sie akzeptieren nur, was sie sehen, messen, hören, wovon sie die Daten erheben können, was nachprüfbar scheint und was sie meinen, wissen zu können. Wer so denkt, kann nicht an Gott glauben.

8. *Das logische Argument.* Gott kann nicht bewiesen werden. Gott ist genau genommen ein Gerücht. Rein logisch kann ich zwar immer etwas auf etwas zurückführen, das ich Wirkung nenne. Daraus ergibt sich aber nicht die Notwendigkeit Gottes. Wenn aber Gott nicht notwendig ist, dann ist er nicht. In den Gottesbeweisen sind meines Erachtens die Beweise, die sich auf die Kausalität gründen, falsche Freunde.

Was das heißt

Der Mensch glaubte an Götter und schließlich an Gott, weil er schutzlos den Naturgewalten ausgeliefert war und zu seinem Schutz der Hypothese des Waltens übermenschlicher, sei's drum: göttlicher Kräfte bedurfte. Demnach wäre, verkürzt formuliert, der Glauben an Gott eine Funktion menschlichen Unwissens und die Religion ein dürftiges Asyl verschreckter Menschen. Mit der Entwicklung von Wissenschaft und Technik wurde der Mensch immer mächtiger, einer Formulierung des 1. Buch Mose folgend machte er sich die Erde untertan und wurde immer mehr zu Gott. Der Mensch, der die Natur zu beherrschen lernte, der Gott wurde, benötigte Gott nicht mehr. Deshalb ist der Glauben an Gott obsolet geworden, eine Art von Aberglauben, eine bedauerliche Unfähigkeit zum wissenschaftlichen Denken. Jeder Wissenszuwachs minimiert Gottes Raum und macht Gott überflüssig.

Wer nun zu erfahren wünscht, ob diese Weltanschauung stimmt, ob der Glauben eine historische Tatsache ist und, wie alle historischen Facta, dem Untergang preisgegeben, kann diese Frage nur historisch beantworten. Was also war, was also ist Glauben? Wann und warum ist er entstanden? Existiert eine historische Notwendigkeit für seine Existenz? Hat sich diese historische Notwendigkeit mit dem Fortschritt von Wissenschaft und Technik erschöpft? Oder stellt der Glauben doch eine anthropologische Konstante dar? Weiter: Ist eben jener Fortschritt nicht selbst eine Art von Glauben? Und gehört der Glauben an Gott nicht zu seinen notwendigen Grundlagen? Entpuppt sich vielleicht das Konzept des Fortschritts als ein Irrglauben? Lässt sich ohne Glauben überhaupt Wissenschaft und Technik historisch erklären und ontologisch denken?

II.
So war's: Eine Welt im Kampf gegen Religion

Das Siechtum der Religion

Das große Finale

Will man den Verlust des Glaubens verstehen, der sich im 18. Jahrhundert zugetragen hat und der für den modernen Menschen fundamental ist, weil er erst die Stellung der Religion in unserer Zeit begründet, muss man zunächst eine völlig andere Welt betreten. Sie ist ganz anders aufgebaut und verfügt über ganz andere Grundannahmen und Wertigkeiten. Eine Welt, in der es noch ein Welteinheitsdenken gibt, eben eine Welt des Glaubens.

Sucht man nach einem Bild für die Religion im Mittelalter, so findet es sich perfekt verwirklicht nicht in der Institution Kirche, sondern in der gotischen Kathedrale. Ihre Architektur gibt die Struktur und Gestalt der Religion und der Gesellschaft vollständig wieder.

Die Kathedralen in all ihrer Pracht stimmen das Lob der Religion an. In ihnen haben wir die mittelalterliche Welt und ihre Glaubensvorstellung als architektonisches Kompendium in Glas, Stein, Metall und Holz nachgebildet. Mit einem nie gekannten Willen strebt sie auf zu Gott, ihre ganze Richtung zielt mit ungeheurer Kraft nach oben. Die kräftigen Strebepfeiler lassen keinen Zweifel zu, dass es um das Himmelreich, um die Erlösung, um den Drang zur

Eschatologie, zu den letzten Dingen, geht. Dabei wirkt das Bauwerk nicht etwa einfach oder überschaubar, sondern geradezu verspielt, breit im Ansatz, mit vielen Räumen, mit verschiedenen architektonischen Seinsweisen, die in die eine Richtung aus ihrer Autarkie einstimmen. Die Kathedrale ist Architektur gewordenes Welteinheitsdenken. In ihr vereinigen sich viele Räume zu einem einzigen. Die Vielfalt kommt ohne Disparität aus, darin besteht das Wunder des Bauwerks.

Vor dem Eintritt erwartet den Gläubigen Geschichte, die ihn auffordert, die banale und öde Welt hinter sich zu lassen, bereit zu sein für ein Wunder, das ihn im Innern anrühren wird. Das Wunder, das ihn erwartet, besteht in der Teilhabe am Geheimnis, in der Offenbarung der Ganzheit. In der Kathedrale ist das Geheimnis anwesend, mehrfach: im Tabernakel, in den Reliquien, in bestimmten Darstellungen, vor allem aber im Licht, in der Führung des Lichts, denn erst das Licht gestaltet Räume. Und so wie das Licht den Raum schafft, hat Gott die Welt erschaffen. Zu den Werkgeheimnissen der Baumeister der Kathedralen gehörte das Wissen um das Licht, nur im Wissen darum ließ sich Stein auf Stein setzen, ohne dass am Ende nur ummauerte Leere herausgekommen wäre, sondern stattdessen Fülle, Gottes-Raum.

Nicht zufällig gilt, begonnen beim *Alten Testament* bis zu den Vorstellungen der Freimaurer, Gott als der größte Baumeister und als Vorbild aller Baumeister. Mehr noch, das Licht schafft Zeit, und so bedeutet Bauen Welterschaffung, denn die Welt ist die Einheit aus Zeit und Raum. Darin liegt das wahre Geheimnis der Kathedrale, dass sie eine Weltenschöpfung en miniature ist.

Wer eintritt, braucht keine Hoffnung mehr, denn er bekommt etwas Besseres dafür, nämlich die Gewissheit des Glaubens. Sobald er durch die hohen Türen unvermittelt in das Hauptschiff gelangt, mag er zunächst benommen sein vor der übermenschlichen Zumutung gestalteten Raums, die ihn umfängt, doch bald schon spürt er, dass der Raum nicht leer, sondern in ihm Substanz ist, eine Aura, die ihn ergreift und aufnimmt. Wie der Mensch verloren im unendlichen Raum der Ewigkeit ist und erst durch Gott aufgehoben wird, so wird das Gefühl der Verlorenheit im hochgotischen Raum sofort gemildert, ja, aufgehoben durch die Aura Gottes, die den Menschen umarmt. Noch steht er am Eingang, traut sich kaum, einzutreten, doch schon beginnt er das Schiff zu durchblicken bis hin zum Altar. Ihm gegenüber strahlt Gott, denn Gott ist das Licht des Lebens, welches durch die große vielfarbige Glasrosette, die majestätisch über dem Altar zu schweben scheint, ins Kirchenschiff bricht, und ihm, dem Eintretenden, einladend entgegenkommt. Auch das gehört zu den Wundern dieser Architektur: Gott kommt dem Eintretenden entgegen. Er sieht zu den anderen Fenstern, durch die ebenfalls das Licht Gottes bricht, durch bemalte Scheiben, die Geschichten erzählen, die Geschichten des Menschen, die eine Geschichte des Glaubens ist. Alles ist Komposition und Inszenierung. Die Baumeister haben den architektonisch adäquaten Ausdruck für die theologischen und mystischen Überlegungen ihrer Zeit gefunden.

Kaum vermögen wir uns vorzustellen, was Dunkelheit im Wortsinn ist. Wann erlebt der moderne Mensch, der selbst in der Nacht auf dem Felde Streulicht von Städten, Eisenbahntrassen, Straßenbeleuchtungen, Autos gewahrt, die völlige Finsternis, die um so vollendeter wirkt, wenn der Mond und die Sterne hinter dichten Wolken verschwinden und die Erde nicht beleuchten? Der mittelalterliche Mensch erfuhr noch sehr direkt den Unterschied von Wärme und Kälte, von Licht und Finsternis, von Sommer und Winter. Deshalb scheint es fast unmöglich, das ganze Ausmaß der Lichtmetaphorik des Mittelalters zu ergründen. Doch wäre das lediglich die Voraussetzung dafür, die Inszenierung des Glaubens im Spiel des Lichts und der Farben in der gotischen Kathedrale dem Menschen des Mittelalters nachzuempfinden. Noch einmal sei Meister Eckhart zitiert:

»Und ich sage, dass in diesem Lichte alle Kräfte der Seele sich erhöhen.«[34]

Hier, in der Kathedrale, verdeutlicht sich ganz praktisch, erfahrbar für jeden, dass alles durch das Licht lebt, und das Licht ist Gott, denn:

»Gott ist die Wahrheit und ein Licht in sich selbst. Wenn denn Gott in diesen Tempel kommt, so vertreibt er daraus die Unwissenheit, das ist die Finsternis, und offenbart sich selbst mit Licht und mit Wahrheit.«[35]

Der von Unwissenheit gereinigte Tempel, in dem sich Gott in seinem Licht offenbart, ist die gotische Kathedrale. So erfährt der Mensch des Mittelalters, indem er die Kathedrale betritt, seine Nichtigkeit in zunächst vernichtender Weise, gleichzeitig aber wird diese Nichtigkeit tröstlich in der Allheit Gottes aufgehoben, indem der Glaube ihn zum Teil der großen Heilsgeschichte macht, die sich im Aufstreben der gesamten Architektur vermittelt. Er muss nach Meister Eckhart seine Nichtigkeit erfahren, um aufgenommen, um erhoben werden zu können, denn diese Vernichtung stellt auch eine Reinigung dar, indem sie ihn durchlässig macht und Raum in ihm schafft, Platz für Gott.

In diesen nicht fassbaren Raum wird die Architektur zum Drama des Menschen, in dem alle Stationen seines Lebens und die Metaphysik seines Daseins gestaltet worden sind. Unter ihm das ewige Memento mori der Grüfte, das Wissen um die Vergänglichkeit, über ihm das Licht Gottes, das den hohen Raum des Glaubens mit Leben erfüllt, und zur rechten und zur linken Seite des Kirchenschiffs die Kapellen, die einzelnen Heiligen gewidmet sind und den Menschen an den Preis des Glaubens erinnern, an das Leid, das Martyrium.

Unter ihm also der Tod, über ihm Gott und auf seiner Höhe die Beispiele gottgefälligen Lebens, derer er gedenken und die er sich zur Leitung und Mahnung zu Herzen nehmen soll. Und in manchen Kathedralen finden sich sogar versteckte Hinweise eines Abweichens von der Lehrmeinung, so als habe sich die Gesamtheit dieser Welt auch mit ihren Häresien in dem Raum Gottes eingefunden, um so die Universalität und den Facettenreichtum des Glaubens selbst in seinen häretischen Ausprägungen widerzuspiegeln.

Aber Gott bleibt felsenfest die Einheit, die die verspielte Vielfalt mit strenger Schönheit zusammenhält. Dabei darf man sich Gott nicht als Fundament vorstellen, sondern Gott ist in der gesamten Vielfalt anwesend, mehr noch, es ist die ungeteilte Anwesenheit Gottes in allem, das alles zur Einheit, zur Raumeinheit, zur Welteinheit zusammenfließen lässt. Die Kathedrale ist in ihrer Perfektion der krönende Abschluss des Mittelalters und mithin der Gipfel der Metaphysik. Sie ist der Architektur gewordene Höhepunkt der drei metaphysischen Zeitalter Altertum, Patristik und Mittelalter.

So schön kann nur ein großes Finale sein, und wirklich, in der Kathedrale wird zum letzten Mal die Welteinheit des europäischen Mittelalters zusammengehalten. Bevor es auseinanderbricht, findet zum letzten Mal das universale Fest der europäischen Christenheit statt, ehe es in Christentümer zerfällt und der Glaubensstreit Europa teilt. Fast will es scheinen, als habe der vermessene Wunsch der Päpste Julius II. und Leos X., in Rom das größte Bauwerk der Christenheit zu errichten, eine Art Über-Kathedrale des Glaubens, was die innerliche, heilsgeschichtliche Kraft der Religion zugunsten einer formalen, politischen Institutionalisierung verschob, den Glauben selbst ins Wanken gebracht. Julius II. und Leo X. wollten über die Kathedrale hinaus. Über sie, die doch eine Vollendung der Theologie darstellte, ging aber nichts hinaus.

So verwundert es nicht, dass die theologische Revolution, die Martin Luther im 16. Jahrhundert ins Werk setzte, zunächst als Läuterung, als Rückkehr zum persönlichen, heilsgeschichtlichen, inneren Leben des Glaubens begann. Luthers Widerspruch wird zu einer wirklichen Reformation, zu einer re-formatio, einer re-forma, einer Umgestaltung, ein Rückbau auch, ein Abgehen von einer sich entleerenden Form, eine Rückkehr zu einer älteren Form: der *Bibel* als dem Wort Gottes, dem zu glauben ist. Für Luther war es nicht länger hinnehmbar, dass der Glauben in Rom festgelegt wurde und die Gottesbegegnung der priesterlichen Vermittlung bedurfte. Jeder sollte ihn in sich finden und mit seinem Glauben vor Gott treten.

Luther will den freien Christenmenschen. Er will ihn, weil nur der freie Mensch über die Würde verfügt, in der er seinem Schöpfer aufrecht gegenübertreten soll, nicht auf den Knien. Für Luther ist nur der freie selbstbewusste Mensch, der eine freie Glaubensentscheidung getätigt hat, würdig, vor Gott zu treten. Andererseits ist der freie Mensch nicht aus eigener Leistung frei, sondern er ist frei im Glauben, frei in Christus. Gottes Gnade schenkt ihm diese Freiheit. In Christus hat er die wirkliche Freiheit erreicht, diese Freiheit, fordert Martin Luther, muss ihm die Kirche lassen. Die Religion ist der Ort der Freiheit. Und Religion darf nicht zu einer Ideologie der Macht verformt werden. Deshalb vertrieb Luther die Priester, die sich zwar für geringer als Gott, aber doch für höher als die nicht geweihten Menschen hielten.

In der ideologischen Fassung, als Rechtfertigungsvehikel einer Macht, hört Religion auf, Religion zu sein. Denn in der Ideologie wird der Glauben der Religion ersetzt durch den Glauben an die Macht. Die schärfste Kritik an den Kirchen setzt dort an, wo Kirchenobere den Glauben an Gott durch den Glauben an die Macht ersetzt haben. Die historisch folgenreichste Idee war die Vergottung der Institution als Allmächtige Mutter Kirche. Die Anhänger der Macht sagen, die Kirche ist allmächtig, die Gläubigen der Religion sehen in der Kirche nicht die Allmacht der Institution, sondern die Gemeinschaft der Heiligen.

Wo Scheiterhaufen brannten, das sei hier hervorgehoben, da stand die Religion selbst im Feuer. Auch das gehört zum Lob der Religion, dass ihre Anhänger sich immer wieder der Macht widersetzt haben. Dass sie gelitten haben. Es waren tiefreligiöse Menschen, die verbrannt und ersäuft wurden, weil sich die Kirche von Gott entfernt und die Religion durch die Macht, den Glauben durch die Ideologie ersetzt hatte.

Nicht Religionen töten, sondern Ideologien, der Glauben, der Gott verloren hat, tötet. Schauen wir uns doch die tiefreligiösen Menschen an, die Drangsal, Folter und Mord erlitten, die Begine Margeritue Poreté (1250/60–1310),[36] Jan Hus (1369–1415) oder Giordano Bruno (1548–1600), der kein Atheist war und den man verbrannte, weil er der Kirche vorwarf, dass sie dem falschen Glauben folgte. Nicht er, davon war Bruno überzeugt, sondern die Kirche befand sich im Irrtum. Erinnern wir uns an die Armutsprediger des Franziskanerordens im 14. Jahrhundert, die Gerechtigkeit forderten und den Luxus und den Prunk der Mächtigen geißelten. Kein Kritiker der Wall Street predigt mit diesem Mut und dieser Klarheit wie ein Fra Dolcino (1250? – 1307) oder ein Johannes Petrus Olivi (1247/48–1296/98). Vielleicht war Giordano Bruno einer der letzten großen Renaissancemagier, einer der letzten Protagonisten einer großen geistigen Bewegung, die dem beginnenden Fortschrittsdenken zum Opfer fiel. Hatte die Inquisition seinen Körper verbrannt, so hatte der Rationalismus eines Descartes seine Ideen mit gründlicher Effizienz zur Seite geräumt.

Und dennoch gilt: Nirgends ist der Mensch so frei wie im Glauben. Nie hat sich die Religion von den Kirchen vollkommen vereinnahmen lassen. Und Erneuerung fand die Kirche immer nur in der Religion, im Glauben, nicht in der Ideologie.

Der Triumph der Vernunft

Ab dem 16. Jahrhundert entwickeln sich die Wissenschaften soweit, dass sie nicht mehr unter dem Dach der Theologie Platz finden. Selbst das Verhältnis der Schwestern Theologie und Metaphysik, die die Philosophie mit einbezieht, ist nicht mehr ungetrübt.

Aber ein Zweites geschieht: Universale Herrschaften wie das mittelalterliche Kaisertum oder Papsttum verlieren an Macht. Der Hof des Fürsten wird zu einer Staatsmaschinerie um- und ausgebaut, mit einer sich immer stärker verzweigenden Verwaltung, das heißt die modernen Staaten entstehen und das Bürgertum. Aber auch der Schrecken des Dreißigjährigen Krieges im 17. Jahrhundert lässt sehr schnell die dunkle Seite des Fortschritts erkennen. In dieser Situation kommt es zu einem Verlust des Glaubens und zum Niedergang der Metaphysik als der wissenschaftlichen Betrachtung des Glaubens. Eine Soldateska, der nichts mehr heilig ist, stranguliert das Land. Der Dreißigjährige Krieg stellt keinen Glaubens- oder Religionskrieg dar, er ist durch und durch ein politischer Krieg und verdeutlicht, wie fehl Glauben geht, wenn er sich mit Politik, mit dem Hunger nach Macht, vermengt. Ein machthungriger Glaube ist ein a-religiöser Glaube, er ist das Goldene Kalb, um das die Menschen überredet oder gezwungen werden zu tanzen.

Es ist kein Zufall, dass sich zur gleichen Zeit die großen geografischen Entdeckungen vollziehen, die Welt größer, vielfarbiger wird: andere Menschen, andere Sitten, andere Glaubensformen und -inhalte, andere Religionen, aber immerhin Religionen. Es wird kein Ort entdeckt, an dem Religionen nicht existieren, die Menschen nicht an höhere Wesen glauben, das sollte uns zu denken geben. Der Glaube an Gott, das lässt sich im Mindesten sagen, ist eine anthropologische Konstante.

Die Fragen des Glaubens dezentralisieren sich. Europäische Staaten modernisieren sich oder entstehen. Aus der Spaltung der Christenheit im 16. Jahrhundert geht das Individuum hervor. Im praktischen Staatsgeschäft werden die europäischen Staaten immer laizistischer. Es entsteht eine Wirtschaft, für die Glauben nur die Privatangelegenheit der an ihr partizipierenden Subjekte ist. (Mit Ausnahme vielleicht der Bibelverleger, aber auch für diese ist der Drucker zuallererst der Drucker, dann erst vielleicht der Bruder in Christo.) Längst sind die europäischen Gesellschaften in einer großen Umwandlung begriffen. Das moderne Staatswesen bildet sich heraus.

Zwei große geistige Bewegungen haben Europa geschaffen: das Christentum und die Aufklärung. Und schaut man genauer hin, zeigt sich, dass die Aufklärung ein Produkt des Christentums ist, also der Religion. Was lässt sich mehr zu ihrem Lobe sagen? Es will scheinen, als habe sich in der Aufklärung das europäische Denken von den Fesseln des Glaubens befreit. Um es paradox zu formulieren, ist Aufklärung christliches Denken ohne Glauben? Richtig daran ist, dass das Denken aus dem Glauben heraustritt und sich seine eigene Sphäre schafft. Der Glauben wird immer mehr zur Privatangelegenheit des im entstehen begriffenen Staatsbürgers, des Subjekts.

Aber auch für die Philosophie erlahmt die Frage nach Gott und den durch die Vernunft getroffenen Gottesbeweisen. Wenn Gott etwas ist, das über jede Vernunft geht, dann ist es nicht die Aufgabe der Philosophie, über das zu spekulieren, was über die Vernunft geht, sondern es ist ihre Aufgabe zu begreifen, was innerhalb der Vernunft geschieht, denn die Vernunft stellt den Gegenstand der Philosophie dar und nicht die Über-Vernunft. Gleichzeitig kann aber auch die Theologie sich von »ihrer Magd« – der Philosophie – befreien und sich präzis ihrem Gegenstand, Gott, widmen, der sich im Glauben offenbart. Sie muss nicht mit der linken Hand das Geschäft der Philosophie betreiben, sondern kann beide Hände an ihren Gegenstand legen.

Neben den Glauben tritt also die Vernunft. Und das ist neu. Das ganze Mittelalter hindurch versuchen Philosophen und auch Theologen, Glauben und Vernunft zu gewichten. Am Ausgang des Mittelalters kommt es zum völligen Zusammenbruch der Vernunft, hat der Glaube alles in sich vereinigt. Die neuen Philosophen müssen mit ihrem Denken also beim Desaster der Vernunft beginnen. Und der Erste, der das wagemutig unternimmt, ist René Descartes. Dieser Prozess befreit andererseits auch den Glauben, ermöglicht ihm, sich auf sein ureigenstes Gebiet zu beschränken, und enthebt ihn der Verpflichtung, für alles und nichts zuständig zu sein.

Es wurde bereits erwähnt, dass die Naturwissenschaften sich emanzipieren. Bedingung einer jeden Wissenschaft ist es, den Gegenstand des Wissenwollens, der Forschung, klar zu definieren und in Ansehung des Gegenstands die Methoden auszuarbeiten und darzustellen. Jede Wissenschaft beginnt damit, dass sie ihr Objekt und ihre Methodik definiert. Irgendwann einmal spielt es keine Rolle mehr, ob die Überlegungen von einem göttlichen Beweger ausgehen, irgendwann einmal muss Physik betrieben werden, was bedeutet, es ist gleich, ob es einen ersten Beweger gegeben hat, die Frage lautet, was ist Bewegung und wie vollzieht sich die Bewegung von physischen, also physikalischen Körpern, wobei es für diese Untersuchung unwichtig bleibt, ob sie eine Seele haben oder nicht. Aber die Konzentration auf diese Fragestellung stellt nicht den ersten Beweger, Gott, infrage, sie hat sich nur ihres Geschäfts gemäß einigen Aspekten seiner Schöpfung gewidmet. Insofern entkräftet sich der erste naturwissenschaftliche Einwand. Der Satz, der besagt, dass wo ein Köper existiert, kein zweiter sein kann, gilt für jeden physikalischen Körper, beseelt oder unbeseelt.

Kein geringerer als Martin Luther, der die Theologie revolutionierte, stand naturwissenschaftlich auf ganz und gar verlorenem Posten. Und das ist für das Verhältnis von Glauben und Vernunft sehr interessant. Die Grundlage der Revolution des Wittenbergers lautete ja *sola scriptura*: die Schrift allein und die Auslegung der Schrift stellten Glaubensinhalt und Glaubensautorität dar. Und stand bei Josua nicht klar und deutlich geschrieben, wie es Luther selbst übersetzt hat, dass die Sonne am Himmel stillstand:

»Sonne stehe stille zu Gibeon/vnd Mond im tal Aialon. Da stund die Sonne vnd der Mond stille/bis das sich das volck an seinen feinden rechete. Ist das nicht geschrieben im buch des fromen? Also stund die Sonne mitten am himel, vnd verzog unter zu gehen bey nah den gantzen tag.«[37]

Und wenn sie stillsteht, so musste sie sich vorher am Himmel bewegt haben, woraus klar hervorgeht, dass die Sonne sich um die Erde dreht wie auch der Mond. Im Grunde, und darauf will ich hinaus, hat Luther sehr früh schon die Probleme für die Theologie und vor allem für den Glauben erkannt, die aus dem heliozentrischen Weltbild für das Christentum resultieren. Ein Flächenbrand hat nämlich Europa erfasst. Von Kopernikus' Schrift *De revolutionibus orbium coelestium* (*Von den Umdrehungen der Himmelskörper*) leitet sich die später getroffene Charakteristik der kopernikanischen Wende her, die zwei fundamentale »Umdrehungen«, zwei Revolutionen meint; zum einen wird die Erde aus dem Mittelpunkt des Weltalls getrieben und muss sich nun schnöde einreihen in die Umlaufbahnen der anderen Planeten, zum anderen gerät der Mensch als Subjekt des Glaubens, Denkens und Handelns in den Mittelpunkt, womit unsere moderne Anschauung vom Individuum als freier Bürger beginnt – und Gott dreht sich nun um ihn, nicht mehr er um Gott. Galilei erhebt das kopernikanische System in seine Gültigkeit. Seine Auseinandersetzung mit der katholischen Kirche wird oftmals falsch dargestellt,[38] und in das ideologische Klischee gebracht: hier der wissenschaftliche Freiheitsheld, dort die finstere katholische Kirche. Jede neue Weltanschauung braucht ihre Helden – und zu den Helden des neuen, säkularen Europas werden Giordano Bruno und Galileo Galilei. Das theologische Problem, das sich stellt, lautet: Wenn die Erde sich nicht mehr im Mittelpunkt des Universums befindet, sondern ein Planet unter vielen ist, wo befindet sich dann Gott? Viel später erkennt Novalis (1772–1801), der sich aus Verzweiflung über sein Jahrhundert ein ideales Mittelalter eindrucksvoll erdichtet hat, das Problem sehr scharfsinnig:

»So wehrte er (gemeint ist der Papst*) den kühnen Denkern öffentlich zu behaupten, daß die Erde ein unbedeutender Wandelstern sey, denn er wußte wohl, daß die Menschen mit der Achtung für ihren Wohnsitz und ihr irdisches Vaterland, auch die Achtung vor der himmlischen Heimath und ihrem Geschlecht verlieren, und das eingeschränkte Wissen dem unendlichen Glauben vorzuziehen und sich gewöhnen*

würden alles Große und Wunderwürdige zu verachten, und als todte Gesetzwirkung zu betrachten.«[39]

Die Formulierung der Alternative »eingeschränktes Wissen oder unendlicher Glauben« ist ausgesprochen hellsichtig, von Luther in seiner Skepsis Kopernikus gegenüber problematisiert und später von Novalis im Rückblick definiert. Darum geht es bis heute, wenn sich die Religion den Bannflüchen einer Kirche der Wissenschaft, nicht der Wissenschaft selbst, sondern ihrer Ideologen ausgesetzt sieht.

Diese Frage wurde im 17. Jahrhundert zur Geburtsstunde des Deismus und sie schlägt bei den neuen Philosophen an: René Descartes scheint wie gesagt der Erste zu sein, zumindest gilt er uns als derjenige, der ins Zentrum seines Nachdenkens nicht Gott, sondern den Menschen stellt. Und er geht weiter: Das Ich ist die einzige Tatsache, derer ich gewiss sein kann. So kommt er zu dem Satz, der ihn mit Recht berühmt gemacht hat: *Cogito ergo sum* (Ich denke, also bin ich). Und von hier aus, von diesem Ich, das denkt, von dieser Gewissheit beginnend, will er Gott beweisen und die Welt erkennen. Dies kann er nur mit der Hilfe der Vernunft.

Wir sind an dem entscheidenden Punkt in der Geschichte angelangt, wo sich Vernunft und Glauben trennen, und die Religion mithilfe der Vernunft in eine natürliche Religion verwandelt wird. Indem der Glaube nicht mehr absolut gilt, sondern es das Reich der Vernunft gibt, wird er relativ. Hier schleicht sich die zweite Bedeutung des Glaubens, die Vagheit und Unsicherheit des Wähnens, ins Wort. Was ich nicht mit den Mitteln der Vernunft beweisen kann, vermag ich nur zu glauben. Im Beweis steckt aber die Gewissheit und aus der Unmöglichkeit der Gewissheit ergibt sie die Ungewissheit des Glaubens. Noch versuchen die Philosophen diese Lücke, die sie reißen, zu schließen, noch mühen sie sich, um die alten und um vielleicht ein paar neue Beweise für die Existenz Gottes. Der kühne Mann des *Corgito ergo sum* probiert es, ohne wirklichen Erfolg, Spinoza unternimmt es, schränkt aber selbst ein, dass Gott viel mehr ist, als er mit den Mitteln der Vernunft fassen kann, also wie kann die Vernunft ihn beweisen, wenn sie so viel weniger ist. Gott wird zum Postulat.

»Ich behaupte nicht, daß ich Gott völlig erkenne, wohl aber, daß ich gewisse Eigenschaften von ihm, wenngleich auch nicht alle, ja nicht einmal den größten Teil von ihnen, wahrnehme.«[40]

Für Baruch de Spinoza wirkt Gott in allem und ist überall und in allem vorhanden. Man hat das Pantheismus genannt und darum ranken sich im 18. Jahrhundert die hübschesten Auseinandersetzungen, in denen so ziemlich alle namenhaften Intellektuellen Europas verwickelt werden. Aber genau genommen beruht diese, wie alle großen geistigen Debatten, auf einem notwendigen Missverständnis. Ganz allmählich schleicht sich eine Entfremdung ein – der Glaube beginnt sich aus der Welt zurückzuziehen.

Im bürgerlichen Leben gelten die bürgerliche Moral und die Wirtschaftlichkeit, während der Glaube in der Kirche stattfindet – und eben immer seltener in der Gesellschaft. Der Glaube bekommt neben anderen Partitionen der Gesellschaft sein eigenes Revier. Wie der Tischler für den Bau der Möbel zuständig ist, wird der Priester, der auch im Protestantismus zurückgekehrt ist, der Spezialist für das Seelenheil, das scheinbar immer mehr zu einer Art moralischer Diätik wird. Im preußischen Protestantismus des 17./18./19. Jahrhunderts wird die Religion zu einer Einrichtung des allmächtigen Vernunftstaates, gehen Altar und Thron ein Bündnis ein.

Die Naturwissenschaft hat ohnehin eine Welt geschaffen, die, wie Laplace sagte, ohne die Hypothese Gott auskommt. Für Julien Offrey de La Mettrie (1709–1751) ist der Mensch lediglich eine mechanische Maschine. Es ist überhaupt das Zeitalter der Mechanik und des Deismus, der sagt, dass die Welt nach wissenschaftlichen Prinzipien funktioniert, nach den Gesetzen der Natur, die die Naturwissenschaften erforschen und formulieren. Diese Gesetze der Natur bedürfen intern in der Tat Gottes nicht. Ob darüber hinaus jemand an Gott glaubt als denjenigen, der alles ins Werk gesetzt hat, bleibt für das Ins-Werk-Gesetzte unwichtig. Gott wird im Deismus so etwas wie derjenige, der einem Perpetuum mobile den ersten Anstoß gegeben hat, das sich aber von nun an allein weiterbewegt.

Es setzt sich im 18. Jahrhundert also so etwas wie eine naturwissenschaftliche Weltanschauung durch, die sich dafür begeistert, dass sich die materielle Welt, die Natur, mithilfe der Wissenschaften komplett erkennen und beschreiben lässt. Doch bei all dem Wissenschaftsoptimismus hat man sich noch nicht so weit vom metaphysischen Zeitalter entfernt, dass alle Skepsis bereits vergessen wäre. Man ist noch nicht bereit, beim Erklimmen des Gipfels der Erkenntnis auf Seile und Sicherungen des Glaubens zu verzichten.

Der Gott der Dichter und Denker

Die Philosophen des 18. und 19. Jahrhunderts entwerfen entweder eine natürliche Religion, andere sind in der Tat Freigeister. Für sie existieren allenfalls die Götter Griechenlands. Sie stellen sich die Natur als großes harmonisches Ganzes vor, das beseelt ist von einer allwaltenden Gottheit, die aber so abstrakt wie hymnisch besungen wird. Genau genommen tauschen sie den Glauben gegen die Ästhetik. Weniger die Philosophen hängen dieser Vorstellung an als vielmehr die immer einflussreicher werdenden Dichter. Friedrich Hölderlin schreibt:

»Eines zu seyn mit Allem, das ist Leben der Gottheit, das ist der Himmel des Menschen.

Eines zu seyn mit Allem, was lebt, in seeliger Selbstvergessenheit in's All der Natur, das ist der Gipfel der Gedanken und Freuden, das ist die heilige Bergeshöhe, der Ort der ewigen Ruhe …

Eines zu seyn mit Allem, was lebt! Mit diesem Worte legt die Tugend den zürnenden Harnisch, der Geist des Menschen den Zepter weg, und alle Gedanken schwinden vor dem Bild der ewigeinigen Welt…, und aus dem Bunde der Wesen schwindet der Tod, und Unzertrennlichkeit und ewige Jugend beseeliget, verschönert die Welt.«[41]

In Deutschland sind es vor allem Gotthold Ephraim Lessing (1729–1781), Johann Wolfgang von Goethe (1749–1832) und Friedrich Hölderlin (1770–1843). Interessanterweise spüren sie, dass dieser neue »ästhetische Glauben« die Gefahr zur Entpflichtung einschließt. Das Ende der Vorstellung eines personalen Gottes führt zum Ende einer persönlichen Verantwortung diesem Gott gegenüber, aber auch gegenüber der Welt, die Gottes Werk ist. Ein allgemeiner Gott dehnt die Verantwortung des Menschen ins Beliebige, denn der Mensch ist nun nur einem erhabenen Gefühl verantwortlich, einem allgemeinen Gefühl. Und da dieses Gefühl aus dem Menschen kommt, kann aus dem erhabenen sehr schnell ein erhaben-egoistisches Gefühl werden.

Die Früchte dieser Entpflichtung von der Verantwortung werden im Hedonismus am Ende des 20. Jahrhunderts geerntet. Diese Gefahr erkennend entwickeln gerade Lessing und Hölderlin einen starken Moralismus: Der Mensch als Krone der Schöpfung, der allbeseelten Natur, hat Verantwortung für sie und für den Mitmenschen zu übernehmen. Toleranz, Vernunft, und – bei Hölderlin – ein verzweifelt wie letztlich ergebnisloses Sichwehren gegen die beginnende Entfremdung des Menschen von der Totalität des Menschseins bilden die Säulen der neuen Moral. Sie fordert ebenfalls Glauben ein: den Glauben an hehre Prinzipien, die dem christlichen Glauben nicht unbekannt oder fremd sind:

»… ich kann kein Volk mir denken, das zerrissener wäre, wie die Deutschen. Handwerker siehst du, aber keine Menschen, Denker, aber keine Menschen, Priester, aber keine Menschen, Herren und Knechte, aber keine Menschen – ist das nicht wie ein Schlachtfeld, wo Hände und Arme und alle Glieder zerstückelt untereinander liegen, indessen das vergossne Lebensblut im Sande zerrinnt?«[42]

Hölderlins Ahnung und Beschreibung einer sich diversifizierenden Gesellschaft, die den Menschen nicht mehr in seiner Ganzheit, sondern in vielen Einzelheiten fordert, die sich zu keiner Ganzheit mehr fügen wollen, wird im späten 18., frühen 19. Jahrhundert von den Romantikern aufgenommen und nimmt schließlich die Lebensphilosophie und Metaphysik des 20. Jahrhunderts vorweg.

Doch zunächst wird der Metaphysik philosophisch der Garaus gemacht. Kein geringerer zertrümmert ungewollt die Metaphysik und verunsichert den Glauben als Immanuel Kant (1724–1804). Im Grunde geht es dem großen Königsberger nur darum, den Gegenstand der Philosophie genau zu definieren. In der *Kritik der reinen Vernunft* verfolgt er die Frage, was mit den Mitteln des Verstandes und den Gesetzen der Vernunft erkannt werden kann. Er stellt fest, dass Gott kein Gegenstand der Vernunft sein kann, weil er mit den Mitteln des Verstandes nicht zu beweisen ist, denn wie kann ein endlicher Verstand das Unendliche, das Gott ist, verstehen und mit den Mitteln seines Verstandes beweisen. Er führt dieses Spezialproblem noch in seiner Schrift über *Die Religion innerhalb der Grenzen der bloßen Vernunft* etwas praktischer aus.

Heinrich Heine hat in seiner *Geschichte der Philosophie und Religion in Deutschland* die denkerische Entwicklung Kants in einer hübschen Geschichte versinnbildlicht: Nach Heine seziert Immanuel Kant in seiner *Kritik der reinen Vernunft* Gott mit dem Skalpell der reinen Vernunft und lässt ihn dabei über die Klinge springen. Daraus folgt, dass der Oberherrscher der Welt, Gott, unbewiesen in seinem eigenen Blute schwimmt. Mit dem Resultat seiner gründlichen Arbeit zufrieden, möchte er sich nach der großen Anstrengung verdientermaßen ausruhen (dieses Werk ist Kants dickleibigstes). Aber als er sich umdreht, entdeckt er das traurige Gesicht seines alten Kammerdieners Lampe, der gleichfalls Gott, den Oberherrscher der Welt, in seinem Blute röcheln sieht. Und wie Kant, der nicht nur ein großer Philosoph, sondern auch ein sehr guter Mensch ist, in das traurige Gesicht seines alten Dieners schaut, begreift er, dass der alte Lampe seinen Gott braucht.

So tritt Kant noch einmal an sein Pult und verfasst die *Kritik der praktischen Vernunft*, in der er Gott wieder in seine Rechte als Oberherr der Welt einführt – seinem alten Diener Lampe zuliebe.

Kants Fazit: Gott lässt sich nicht innerhalb der Grenzen der Vernunft denken, er lässt sich deshalb auch nicht beweisen, aber die Menschen benötigen Gott, sie brauchen ihn dringend, deshalb muss es ihn geben. Allerdings zweifelte Kant mitnichten daran, dass Gott existiert, schon weil die Menschen (und zwar alle) Gott benötigen. Allein, dass die Idee Gottes den Menschen eingeboren ist und sie seiner bedürfen, zeige, dass es ihn geben müsse. Gott ist also kein

Gegenstand der reinen, wohl aber der praktischen Vernunft. Denn er kann nicht bewiesen, sondern nur postuliert werden. Als oberste Maxime menschlichen Handelns definiert Kant den kategorischen Imperativ:

»Handle so, daß die Maxime deines Willens jederzeit zugleich als Prinzip einer allgemeinen Gesetzgebung gelten könne.«[43]

Zwar bleibt der Mensch dem Naturgesetz gegenüber unfrei, weil er hier fremdbestimmt in einer wesentlich mächtigeren und unendlichen Außenwelt existiert, anderseits bezieht er seine Freiheit daraus, dass er ein intelligibles Wesen ist, das heißt ein Wesen, das von Gott geschaffen und zur Moral befähigt wird:

»Zwei Dinge erfüllen das Gemüt mit immer neuer und zunehmender Bewunderung und Ehrfurcht, je öfter und anhaltender sich das Nachdenken damit beschäftigt: Der bestirnte Himmel über mir und das moralische Gesetz in mir. Beide darf ich nicht als in Dunkelheiten verhüllt, oder im Überschwenglichen, außer meinem Gesichtskreise suchen und bloß vermuten; ich sehe sie vor mir und verknüpfe sie unmittelbar mit dem Bewußtsein meiner Existenz.

Das erste fängt von dem Platz an, den ich in der äußeren Sinnenwelt einnehme, und erweitert die Verknüpfung, darin ich stehe ins Unabsehlich-Große mit Welten über Welten und Systeme von Systemen, über dem noch in grenzenlosen Zeiten ihrer periodischen Bewegung, deren Anfang und Fortdauer.

Der zweite fängt von meinem unsichtbaren Selbst, meiner Persönlichkeit, an, und stellt mich in eine Welt dar, die wahre Unendlichkeit hat, aber nur dem Verstande spürbar ist, und mit welcher (dadurch aber auch zugleich mit allen jenen sichtbaren Welten) ich mich, nicht wie dort, in bloß zufälliger, sondern allgemeiner und notwendiger Verknüpfung erkenne.

Der erstere Anblick einer zahllosen Weltenmenge vernichtet gleichsam meine Wichtigkeit, als eines tierischen Geschöpfs, das die Materie, daraus es ward, dem Planeten (einem bloßen Punkt im Weltall) wieder zurückgeben muß, nachdem es eine kurze Zeit (man weiß nicht wie) mit Lebenskraft versehen gewesen.

Das zweite erhebt dagegen meinen Wert, als einer Intelligenz, unendlich, durch meine Persönlichkeit, in welcher das moralische Gesetz mir ein von der Tierheit und selbst von der ganzen Sinnenwelt unabhängiges Leben offenbart, wenigstens so viel sich aus der zweckmäßigen Bestimmung meines Daseins durch dieses Gesetz, welche nicht auf Bedingungen und Grenzen dieses Lebens eingeschränkt ist, sondern ins Unendliche geht, abnehmen läßt.«[44]

Exakt, und deshalb wurde der ganze Abschnitt zitiert, liegt in diesen Kantschen Zeilen die moderne Problematik des Glaubens begründet: Die Erde steht nicht mehr im Mittelpunkt des Alls und Gott nicht mehr im Mittelpunkt des Lebens und Forschens, des Fühlens und Denkens. Doch Kant, der den Menschen frei unter dem Sittengesetz zur Glückseligkeit sieht, definiert eine Vernunftsreligion, eine Religion in den »Grenzen der natürlichen Vernunft«. Der Mensch soll an Gott glauben, weil er vermöge des Glaubens frei zur Glückseligkeit wird. Wahre Glückseligkeit entsteht aber nur dort, wo der Mensch im Einklang mit dem Sittengesetz handelt. Denn der Schlüsselbegriff der Glückseligkeit ist im Unterschied zum Hedonismus nicht der uneingeschränkte Genuss, sondern die Glückswürdigkeit.

Der Mensch verwirklicht seine Freiheit, indem er als Gegenstand der Glückseligkeit einen Gegenstand erwählt, der glückswürdig ist. Das Sittengesetz legitimiert sich dadurch, dass es von Gott kommt, oder mit anderen Worten: Das Sittengesetz hat Gott zur notwendigen Voraussetzung.

Der Religion wird ein Raum in der Gesellschaft zugewiesen. Das Glück wird ethisch bemessen und nicht eine Funktion mannigfaltiger Bedürfnisse, die Gott weiß woher stammen, denn die Mehrzahl menschlicher Bedürfnisse entspringt nicht seiner Natur, sondern wird gesellschaftlich erzeugt, entspricht der gesellschaftlichen Wert-Vereinbarung, von der auch der »gesunde Menschenverstand« ausgeht und der genauso wenig ein reines Naturprodukt darstellt wie die menschlichen Bedürfnisse es tun. In Ansehung der Ewigkeit reißt Kant allerdings eine metaphysische Lücke, die sich zweihundert Jahre später zur metaphysischen Verzweiflung steigern wird. Die metaphysische Verzweiflung zeigt eklatant die Notwendigkeit der Religion in unserer Welt.

Indem der Mensch erhöht und sein Glaube an Gott zum Postulat des Sittengesetztes wird, ergeben sich daraus zwei folgenreiche Schlussfolgerungen: Der eine Schluss lautet, dass der Mensch so weit erhöht wird, dass er die Endlichkeit des Menschen absolut setzt, denn die metaphysischen Fragen der letzten Dingen liegen außerhalb der Vernunft und gehen den Philosophen nichts mehr an. Das bedeutet aber das Ende der Metaphysik.

Der zweite Schluss besagt, dass der Mensch zu einer Funktion des Sittengesetzes wird und der Glaube an Gott durch den Glauben an die Vernunft ersetzt wird. Denn erstens ist die Ableitung aus einem Postulat eine reine Setzung der Vernunft, die keinen bewiesenen Grund benötigt, sie muss lediglich sinnvoll sein. Daraus folgt, dass wir an das Postulat glauben können oder nicht, mehr noch, dass wir glauben müssen, dass der erste Gegenstand postuliert werden darf. Zweitens wird die praktische Durchführung des Glaubens vernünftig, was unweigerlich zu einer Vernunftsreligion führt.

Hier wird deutlich, weshalb Glaube ein Glaube an Gott sein muss, der in einer Religion aufgehoben wird, hier zeigt sich die ganze Bedeutung der Religion in Ansehung des Glaubens. So sehr sich Immanuel Kant müht, der blinde Fleck seiner Philosophie bleibt Gott.

Kant hat Gott im Grunde in der Vernunft verschwinden lassen und, müde der vergeblichen Anstrengungen, dekretiert: Der Mensch habe sich einfach vernünftig aufzuführen. In der Schrift *Was ist Aufklärung?* fordert Kant, dass der Mensch den Mut haben solle, sich seines Verstandes zu bedienen. Dadurch erst versetzte er sich in die Lage, sich aus seiner selbst verschuldeten Unmündigkeit befreien zu können, die nichts anderes darstellt als die Unfähigkeit des Menschen, sich seines Verstandes ohne Leitung eines anderen zu bedienen. Damit proklamiert Kant den autarken Menschen, der Kraft seines Verstandes sich aus seiner Unmündigkeit erhebt.

Der Glauben gerät in Folge dessen ins Zwielicht, in eine denkwürdige Janusköpfigkeit. Er trägt zum einen die Schuld an der Unmündigkeit und bildet zum anderen den Grund für die Mündigkeit, weil er die Sittenlehre postuliert. Damit ermöglicht Kant dem Menschen das Selbstbewusstsein, das nachfolgende Philosophen weiter untersuchen und fortentwickeln werden. Mit dem Sittengesetz, das er an die Stelle des Glaubens und mit dem kategorischen Imperativ, den er an die Stelle Gottes rückt, ist der Boden für die Überschätzung und die Krise des Individuums bereitet. Kant spürt das und bindet dem Menschen deshalb immer neue Gewichte preußischer Pflichterfüllung an die Füße. Der Glaube wird zur Privatsache, wenn man so will zur Folklore, und die Religion eine Angelegenheit der Verwaltung.

Der Kult des Höchsten Wesens

Was die kantische Philosophie nicht vermag, erledigen die Erfolge der Naturwissenschaft und der Technik, die die Erde den Menschen untertan zu machen scheinen, und die Erklärung der Menschenrechte als Teil des Festes des Höchsten Wesens, das die Jakobiner feiern. Die Französische Revolution (1789 ff.) entthront Gott auch praktisch, indem sie mit einer banalen Ersatzreligion experimentiert, dem Kult des Höchsten Wesens, das eine Mischung aus Vernunftesoterik, Buddhismus und jakobinischer Parteimoral ist. Das kultische Mysterium des Höchsten Wesens stellt allerdings die Guillotine dar.

Faszinierend ist es zu sehen, dass im übermütigen Versuch, eine reine Vernunftreligion im Kult des Höchsten Wesens zu schaffen, sich die Unmöglichkeit zeigt, einen Gott künstlich erfinden zu wollen, so wie der Vorschlag von Jürgen Habermas, anstelle der Vaterlandsliebe einen verbeamteten Verfassungspatriotismus zu setzen, ins Leere läuft. Beide, Robbespierre und Habermas, glauben, quasi in der Retorte Identitäten erschaffen zu können. Aber sie kommen vom Allgemeinen und nicht vom Absoluten, und nur das Absolute ermöglicht die Gewinnung wahrer Identität.

Ein Ergebnis der bürgerlichen Revolution ist auch der zweite laizistische Staat Europas, nämlich die Französische Republik, der erste ist das anglikanische England, in dem Heinrich VIII., der praktische König, sich 1534 die Kirche einfach einverleibt hat, Papst und König in einem. Die Religion wird zur Hure der Politik, Gott zu einem Handlanger des Königs. Dabei liegen Wahrheit, Kraft und Herrlichkeit der Religion in ihrer Ferne zur Macht.

Der Glauben hat aber nicht nur auf philosophischer und naturwissenschaftlicher, sondern auch auf staatlicher und gesellschaftlicher Ebene ausgespielt. Wer von nun an fortschrittlich und gesellschaftsverändernd tätig sein möchte, beruft sich auf eine Form von Vernunft und sucht möglichst großen Abstand zur Religion. Das ist nun möglich, weil die Aufklärung den Glauben vom Wissen getrennt und sie als kategorial geschieden gegenübergestellt hat. Eigentlich hat Immanuel Kant bereits in der *Kritik der reinen Vernunft* den Glauben als Inhalt dessen, was gewusst werden kann, verneint. Der Glauben hat mit dem Wissen fortan nichts mehr zu tun, er ist, nach Kant, keine Angelegenheit des Wissens, sondern des Sittengesetzes, also des moralischen Handelns. Wähnen und Vagheit dominierten das Verständnis des Glaubens, er erscheint zunehmend als irrational, als fortschrittsfeindlich.

Zu dieser Zeit – im 18./19. Jahrhundert – wird der Glauben mit der Ungewissheit in Verbindung gebracht. Doch Glauben ohne Wissen führt zur Ungewissheit, weil das, was man nicht weiß, eben ungewiss bleibt. In dem Moment, in dem Wissen und Glauben geschieden werden, wird der Relativismus geboren. Und daraus resultiert zweierlei: 1. das Ende der Metaphysik und 2. die Privatisierung und Relativierung der Religion.

Vom Ende der Metaphysik

Es sagt sich so leicht hin, dass die Metaphysik beendet wird, so als werde eine Firma geschlossen, und nur einige Betroffene wischen sich verschämt die Tränen aus den Augenwinkeln. Wo sollen sie jetzt noch hin, wo sie ihre besten Jahre im Bergwerk der Metaphysik verbrachten? Doch der Kreis derer, die betroffen sind, ist größer, als man meint. Denn diese leise und charmante Metaphysik wird nun, da sie fehlt, für alle zum Verlust, mehr noch, sie wird wie ein heftiger Phantomschmerz nach der Amputation mehrere metaphysische Krisen auslösen.

Denn es mag gelingen, die Metaphysik wissenschaftlich auszuknocken, das Endlichkeitsproblem des Menschen bleibt ungelöst. Kant selbst gesteht es geradezu verschämt ein, als er in einem häufig überlesenen Nebensatz über den Menschen schreibt: »… nachdem er eine kurze Zeit (*man weiß nicht wie*) mit Lebenskraft versehen gewesen.«[45] Dieses »man weiß nicht wie« sagt alles, legt den Finger auf die Wunde, denn es heißt, man weiß nicht, woher der Mensch kommt, was ihm das Leben gibt und wohin er geht, obwohl oder eben weil dies das Thema der abgeschafften Metaphysik ist.

In der Folge verliert der Mensch mehr und mehr sein Orientierungsvermögen. Die Welt wird ihm unüberschaubarer, gefährlicher, unheimlicher, düsterer, fremder. Dabei hat sie sich nicht verändert: Sie wurde weder brutaler noch friedfertiger, nur er hat seinen Halt verloren, seine geistige und geistliche Orientierung, die wir Glauben nennen.

Mit dem Verlust der Metaphysik büßt der Mensch seine Heimat ein. Der Mensch des 20. Jahrhunderts wird ein Heimatloser, ein Flüchtender, ein Vertriebener und ein Getriebener sein. Nicht umsonst ist das 20. Jahrhundert auch das Säkulum der »ethnischen Säuberungen«, der Deportation großer Menschengruppen und ganzer Völker, grauenvoller Verbrechen gegen die Menschlichkeit. Denn in den Augen zynischer Herrscher wird der Mensch zur Zahl, zur Masse Mensch, zur revolutionären Klasse, zur nationalsozialistischen Bewegung, zum Kollektiv.

In dieser Welt steht der Glaube plötzlich ohne die Metaphysik da. Im eigentlichen Sinn ist das die Stunde seines Unterganges. Religion soll ausgerottet oder wie in England oder Preußen eine Unterabteilung der Staatsverwaltung werden, was aufs Gleiche hinausläuft. In Ansehung der Religion fühlt man sich an die Worte Walter Fürsts in Schillers *Wilhelm Tell* erinnert:

»… nehmt die Hälfte meiner Habe, nehmt sie ganz.«[46]

In dieser Zeit des religiösen Zusammenbruchs, der sich ungeachtet des Fortbestehens der verfassten Kirche ereignet, vollzieht sich folgenreich und merkwürdig eine grausame Ironie der Geschichte. Der Glauben nämlich, der zum Nischendasein verurteilt worden ist, kehrt wieder, nur nicht als Glauben an Gott, sondern in einer schlechten Form, nämlich als Ideologie. Denn Glauben ohne Religion ist Ideologie. Das 19. Jahrhundert wird das Jahrhundert der großen Ideologien, die sich im 20. Jahrhundert austoben werden. Ist das 19. Jahrhundert noch das Experimentierfeld der Ideologien, so wird das 20. ihr Schlachthaus werden. Das Schlachthaus scheint aber die eigentliche Kirche der Ideologie zu sein – und sie hat die Religion zur Seite gedrängt.

Verfolgte Verteidiger der Religion

Der große, so stupend produktive Zweifel des 18. und des beginnenden 19. Jahrhunderts zeitigt paradoxe Folgen: Gottes hat man sich erfolgreich entledigt, aber der Glauben setzt hinterrücks zum Sturm auf die Herrschaft über das Jahrhundert an. Er ist nun nicht mehr an etwas gebunden, das größer ist als der Mensch, und hat – durch die Philosophie gewitzt geworden – dem Zeitgeist die Dogmen abgelauscht und sich eines neuen Gegenstands versichert. Deshalb erkennt man ihn nicht, denn er tritt im weißen Kittel des Wissenschaftlers auf: Das Wissen soll nicht länger zum Glauben führen, sondern nun muss dem Wissen geglaubt werden, bedingungslos.

Die Aufklärer haben mit der Methode der Kritik das Christentum, den Glauben an Gott und den Katechismus der Kirchen befragt und siehe da: Es bleibt nicht viel übrig. Ihre kategorische Gegenüberstellung von Wissen und Glauben beraubt den Glauben der Gewissheit des Wissens um Gott. Es gelingt gerade noch, den Gott der Kirchen in das Asyl der Philosophen zu überführen, er bekommt ein gut säkulares Exil.

Der Philosoph Friedrich Schlegel (1772–1829) charakterisiert diese Situation in einer Besprechung eines Buches seines Freundes, des evangelischen Theologen Friedrich Daniel Ernst Schleiermacher (1768–1834), treffend, wenn er schreibt, dass die Religion …

»eines von den Dingen (ist), die unser Zeitalter bis auf den Begriff verloren hat und die erst von neuem wieder entdeckt werden müssen …« [47]

Wenige wie dieser Schleiermacher und der Däne Sören Kierkegaard (1813–1855) entdecken die Religion und den Glauben für ihr Zeitalter neu und versuchen zu retten, was zu retten ist. Doch stehen sie auf verlorenen Posten. Schleiermacher, für den *»Religion Sinn und Geschmack für das Unendliche«* [48] ist, betont Gefühl und Anschauung als Voraussetzungen der Religion, und das in einer Zeit, in der nur noch Deduktion und Messung gelten. Er wendet sich gegen Kant, gegen die Zurichtung der Religion durch die Vernunft, gegen ihre Reduktion zur bloßen Begründung der Ethik, oder wie man in diesen Zeiten sagt, des Sittengesetzes:

»Alles eigentliche Handeln soll moralisch sein und kann es auch, aber die religiösen Gefühle sollen wie eine heilige Musik alles Tun des Menschen begleiten; er soll alles mit Religion tun, nichts aus Religion.« [49]

Schleiermacher verzichtet auch auf alles Mittlertum. Es kommt auf den einzelnen Menschen an, dass er angesichts des Absoluten, der Welt, des Universums, des Ein und Alles, des Unendlichen und Ewigen das Numinose empfindet, Gott fühlt und seine Religion aus seiner Anschauung und seiner Erfahrung nimmt:

»Möchte es doch je geschehen, dass dieses Mittleramt aufhörte, und das Priestertum der Menschheit eine schönere Bestimmung bekäme! Möchte die Zeit kommen, die eine alte Weissagung so beschreibt, dass keiner bedürfen wird, dass man ihn lehre, weil alle von Gott gelehrt sind.«[50]

Schleiermacher verwirft außerdem die Vorstellung, dass Religion durch etwas anderes außerhalb der Religion gerechtfertigt werden könnte – auch nicht durch Ordnung, Recht, Sitte. Man darf ihn aber nicht missverstehen. Er will nicht bestreiten, dass die Religionen Ordnung, Recht und Sitte erst hervorgebracht haben, sondern wehrt sich dagegen, dass die Dinge verdreht, dass die Existenzberechtigung der Religion aus einer Funktion, nämlich als Absicherung der Gesellschaft abgeleitet wird und nicht aus dem Wesen der Religion selbst. Er verwirft geradezu die Vorstellung, dass Religion der Legitimation von Macht zu dienen hat. Religion rechtfertigt sich aus sich selbst und sie hat nur einen Grund, den Menschen die Beziehung zum Absoluten zu ermöglichen.

Auch die Gefahr, dass die Religion verloren geht, wenn sie der Legitimation der Macht dient, und der Glauben sich an eine Ideologie bindet, sieht er genau:

»… und ich finde es sehr unrecht, wenn Ihr selbst aus so disparaten Dingen etwas Unhaltbares zusammennähet, das Religion nennt, und dann soviel unnütze Umstände damit macht.«[51]

Auch der Denker Sören Kierkegaard fordert gegen den Geist seiner Zeit, den Glauben ernst und sogar wörtlich zu nehmen und die Zumutungen des Glaubens nicht in Metaphern aufzulösen, sondern seine ganze Wucht zu empfinden und zu empfangen. In seiner Auslegung der Geschichte von Isaaks Opferung buchstabiert er den Glauben als Gottesgehorsam bis in seinen absurden Urgrund. Gott fordert als Beweis seines Glaubens von Abram nicht weniger, als seinen Sohn zu ermorden. Ethik, Liebe und Glauben stehen einander in einem schrecklichen, unauflöslichen Gegensatz gegenüber. Eine Provokation für die Denker im Gefolge der Aufklärung. Kierkegaard fordert die Unmittelbarkeit des Glaubens als Voraussetzung der Religion ein:

»Der Glaube ist daher kein ästhetisches Rühren, sondern etwas weit Höheres, gerade weil er die Resignation voraus hat; er ist kein unmittelbarer Trieb des Herzens, sondern das Paradoxon des Daseins.«[52]

Verliert der Glauben diese Unmittelbarkeit, dann wird die Religion zu einer Formalie. Gegen diese grundlegende Veränderung, die Privatisierung, ja, Säkularisierung der Religion, gegen ihre Verformung als bloße Form einer staatlichen Institution wehrt Kierkegaard sich. Gegen den Versuch, sie in den Grenzen der natürlichen Vernunft einzusperren und zum Bestandteil des Vereinsrechts und der Staatspädagogik zu machen.

Abrams Opfer, das er erbringen würde, wenn Gott ihn nicht in letzter Sekunde daran gehindert hätte, Isaac abzuschlachten, soll fortgelächelt und allegorisch verstanden werden. Aber schon die große, leider in Vergessenheit geratene Interpretation des vierfachen Schriftsinns stellt vor Allegorie, Moralität und Anagogie den Literalsinn. Damit muss jedes Lesen, jedes Verstehen eines Textes beginnen, mit dem, was da steht. Kierkegaard wird nicht müde, den

Literalsinn dieser Szene der Bibel zu befragen, weil hier der Glauben infrage steht, und zwar der Glauben selbst. Was darf er verlangen, wie weit darf er gehen?

Die Muslime haben in unseren Tagen diese längst erledigt geglaubte Frage, ob menschliches oder göttliches Recht höher stehe, wieder auf die Tagesordnung gesetzt. Wie weit darf Religion gehen, was darf Glauben verlangen? Man hat es ja nicht mit irgendeinem Abteilungsleiter, sondern mit Gott zu tun, und die Ultima Ratio kann nicht darin bestehen, einem Abteilungsleiter mehr zu gehorchen als Gott. Bestünde sie darin, wäre das Argument des Befehlsnotstands gerechtfertig. Die Fragen des Dänen sind unbequem, wo man es doch bequem haben möchte.

In den Auslegungen und Predigten seiner Zeit minimiert man den Glauben, macht ihn kommod, passt ihn der Spießerseligkeit des 19. Jahrhunderts und des Justemilieu an und versucht so den Bibeltext zumindest für das Bewusstsein der Christen zu ändern, wie man heute brutal die Texte von Kinderbüchern ändert, nur weil bestimmte Begriffe auf dem Index der politisch korrekten Gedankenpolizei stehen.

Das Christentum findet lediglich am Sonntag in der Kirche statt und weicht einer allgemeinen christlich angehauchten bürgerlichen Moral. Für Immanuel Kant wird Gott zum notwendigen Postulat dieser bürgerlichen Moral. Georg Wilhelm Friedrich Hegel (1770–1831) verwandelt die bürgerliche Moral mit dem Zauberstab seiner Dialektik in die staatsbürgerliche Ethik:

»Der Staat ist die Wirklichkeit der sittlichen Idee.«[53]

Der Staat ist für den in Preußen lehrenden Staatsphilosophen mehr als Gott, er ist der wahre Gott. Doch wo der Staat zum Absolutum wird, ist kein Platz mehr für eine Religion, es sei denn, es ist die Religion des Staates. Mit dieser

Vorstellung schafft er für den Totalitarismus des 20. Jahrhunderts die philosophische Grundlage.

Die Idee geht zwar von Gott aus, der im Hegelschen System der Philosophie selbst absolute Idee, absoluter Begriff und dergleichen mehr wird. Gott wird zum Grund und zur Begründung des auch politisch Seienden, damit erlischt Hegels Interesse an ihm aber auch. Denn jetzt beschäftigt sich die Philosophie mit Recht, mit Geschichte, mit der Geschichte der Philosophie selbst, mit Logik und dem Erkenntnisvermögen. Und in allen Teilbereichen offenbart und negiert sich eine Idee, indem sie sich in die wirkliche Welt begibt oder in der Wirklichkeit erscheint, um am Ende in einer absoluten Idee aufgehoben zu werden.

In der Philosophie waltet die Idee, in der Geschichte der Weltgeist und in der Religion Gott als absoluter Begriff. Hegel setzt Gott als absolute Idee oder die absolute Idee als Gott. Darüber kann nicht verhandelt oder diskutiert werden, sie bildet die *conditio sine qua non* seiner Philosophie, den Gegenstand der Philosophie und der Theologie, die in unterschiedlichen Weisen und mit je eigenen Methoden über Gott sprechen.

Kierkegaard widerspricht Hegel. Er wendet sich in einem leidenschaftlichen Plädoyer für das Individuum gegen die Verstaatlichung des Menschen:

»Entweder gibt es somit eine absolute Pflicht gegen Gott, und gibt es eine solche, so ist sie das beschriebene Paradoxon, dass der Einzelne als der Einzelne höher als das Allgemeine ist und als der Einzelne in einem absoluten Verhältnis zum Absoluten steht – oder auch es hat niemals den Glauben gegeben ...«[54]

Als Wirklichkeit der sittlichen Idee ist der Staat das Allgemeine, der das Einzelne (den Menschen) vereinnahmt.

Kierkegaard befreit das Einzelne, den Menschen, von der Verallgemeinerung, der Verstaatlichung. Er weist die Ansprüche des Hegelschen Staates zurück, indem er die Freiheit des Individuums behauptet, die er durch das absolute, also unauflösbare und höchstwertige Verhältnis zum Absoluten begründet.

Kurz und knapp gesprochen: In Gott ist Freiheit, im Staat Unfreiheit, in Gott wird das Individuum zu Gottes Ebenbild, zum eigentlichen Menschen, im Staat zum Staatsbürger. Hegel dient der Realität, Kierkegaard der Wirklichkeit, denn der Staat ist die Realität der sittlichen Idee, nicht ihre Wirklichkeit, denn die sittliche Idee verwirklicht sich in der Religion. Religion rettet vor der Vereinnahmung des Menschen, weil sie fordert, im Menschen das Geschöpf Gottes zu sehen und nicht den Untertanen eines Potentaten.

Der Triumph der Ideologie

Die Austreibung Gottes

Hegels Schüler indes, nachdem sie ihre Übungsstunden auf dem dialektischen Parcours des Meisters gedreht haben, brennen verständlicherweise darauf, selbst Meisterliches zu vollbringen. Sie suchen emsig nach einem Bewährungsfeld für ihren jugendlich philosophischen Tatendrang. Das Einzige aber, was der Meister unbewiesen und unbegründet zurückgelassen hat, ist das Postulat Gott. Auf ihn stürzen sie sich, auf den postulierten Gott in seinem weltlichen Exil der Philosophie, und nennen ihre Balgereien Kritik.

Man muss etwas in der ersten Hälfte des 19. Jahrhunderts verweilen, um zu verstehen, wo der neue und so folgenreiche ideologische Glauben herkommt, der den guten alten Glauben an Gott verdrängt, die Religion verächtlich macht und Ideologien produziert. In dieser Zeit ensteht das Wort vom tatenarmen, aber gedankenschweren Deutschland. Denn hier findet die Revolution im Gegensatz zu Frankreich zunächst in Gedanken statt, freilich in radikalen, in »hochgeturnten« Gedankenkonstrukten, die immer luftiger, immer artistischer und immer anämischer werden. Der neue Gott, an den die einstigen Jünger Hegels nun glauben, heißt vorerst Kritik. Wie sich einst aus einer langen Kette von sich ablösenden und beeinflussenden Vorstellungen in der Frühzeit des Menschengeschlechts Glaubensformen gebildet haben, schließlich der Monotheismus mit einem eindrucksvollen Gebäude der Theologie entstanden ist, entspringt nun in rascher Folge, aber dennoch Schritt für Schritt ein neuer Glauben. Ihm wird in der Allmacht der Kritik schrankenlos gehuldigt. Strenger als in jeder Religion. Man tut es mit intellektueller Überzeugung.

»Der Bruch mit der Kirche und der Religion ist vollständig geworden. Die neuere Bildung und das befreite Selbstbewusstsein sind nicht nur von der Kirchensatzung frei geworden, sondern sie haben sich vollständig von aller Religion befreit.«[55]

Und etwas später im philosophisch angehauchten Lyrismus der Zeit, dem Jargon, der noch die Schriften des jungen Marx durchwaltet:

»Darum muss die Theorie rücksichtslos den Gegenstand der Religion sezieren und die Vorurteile, die Fesseln, die Bande, das falsche Fleisch von unserem Herzen abreißen.«[56]

Für das Entstehen des neuen Glaubens sind zweierlei Voraussetzungen notwendig. Erstens setzen Hegels Schüler, Bruno Bauer (1809–1922), Max Stirner (1806–1922), Arnold Ruge (1802–1880), Friedrich David Strauß (1808–1874), Gott, die Religion, den Glauben an Gott einer ätzenden Kritik aus, die sich in immer neue, kaum noch mit der Wirklichkeit in Einklang zu bringende Höhen treibt und den hohen Ton des Leerlaufs erzeugt. Denn wie weit man auch die Kritik zu treiben gedenkt, man ist eindeutig am Ende angekommen: Zerstört man die Voraussetzung der Philosophie, zerstört man die Philosophie selbst.

Karl Marx (1818–1883) hat das später richtig beschrieben, als er vom Ende der Philosophie spricht und gemeinsam mit Friedrich Engels in *Die heilige Familie oder Kritik der kritischen Kritik gegen Bruno Bauer und Konsorten* und in der *Deutschen Ideologie* seine früheren Weggefährten verspottet. Die Junghegelianer können nur in Verzweiflung enden, wenn sie nicht ihr Leben damit verbringen wollen, die Lehre des Meisters auszudeuten und auszulegen. In dieser Sackgasse, in welche das Denken geraten ist, ergeben sich zwei Auswege, und beide Auswege besitzen historische Vorbilder. Sie laufen in letzter Konsequenz darauf hinaus, eine Art neue Religion zu schaffen. Der eine propagiert das autarke Individuum, der andere das Abstraktum einer politischen Masse. Hier also Schwärmer, dort Realpolitiker, hier Gnostiker und Mystiker, dort die Kirche oder Organisation mit ihren Statuten, ihren Dogmen und ihrer Glaubenspolizei.

Für die erste Linie steht im weiteren Verlauf der Anarchist Michail Bakunin (1814–1876), für die zweite der Kommunist Karl Marx.

Doch es fängt etwas früher an, es beginnt mit Max Stirner (1806–1856) und Ludwig Feuerbach (1804–1872). Stirner, von den Institutionen seiner Zeit, seien es Kirche oder Staat, gleichermaßen abgestoßen, sieht als einzig Gewisses nur das Individuum und dessen Bedürfnisse, deshalb ist alles andere wie die Religion, der Staat und die Moral zu eliminieren. Er hat »seine Sach auf Nichts gestellt«.[57] An die Stelle Gottes setzt Stirner den Menschen, dessen egoistische Verwirklichung, dessen amoralisches Spiel mit der Welt zur Grundlage der neuen Moral erhoben wird. Von Nichts ist er abhängig, Nichts gilt ihm etwas. Doch er schafft nicht aus dem Leeren, sondern er schafft zunächst eine Leere, indem er den reich gedeckten Tisch leert – Tabula rasa –, um in dieser Leere nun sein Individuum, das »seine Sach auf Nichts gestellt« hat, leuchten zu lassen. Es ist kein schöner Anblick. Von diesem Gedanken aus gründet sich der moderne Nihilismus und Anarchismus, den Bakunin zu einer Art neuer Religion veredelt, indem er Stirners Propagierung des egoistischen Individuums eine orthodoxe Weihe angedeihen läßt. Wie sich später erweisen soll, wird das Ich, das »seine Sach auf Nichts gestellt hatte«, dadurch nur selbst zum Nichts.

In der Hybris glaubt der Mensch zu fliegen, dabei hat er nur den Boden unter den Füßen verloren. Unter stolzen

Höhen gähnt in Wahrheit nur dieser Abgrund, der sich unter seinen Füßen auftut.

Ganz anders Feuerbach. Der Mann ist ein bodenständiger Realist. Die Höhe der kritischen Kritik kommt ihm reichlich flausenhaft vor. Deshalb tritt er einfach zur Seite und sagt sich, dass das alles ganz gut und schön sei, doch die Wahrheit viel schlichter lauten würde. Sie besteht für ihn darin, dass nicht Gott, sondern der Mensch die Religion mache.

»Die Religion ist die erste, und zwar indirekte, Selbsterkenntnis des Menschen. (…) Der Mensch verlegt sein Wesen außer sich, ehe er es in sich findet.« [58]

Damit hat Feuerbach die klassische Philosophie insoweit ausgehebelt, indem er einen materialistischen Grundgedanken zur Prämisse erhebt und den Idealismus verlässt. »Der Mensch ist, was er isst«, schreibt er und begründet damit das Bratkartoffelverhältnis der Weltverbesserer zur Philosophie, die immer noch bei ihr unterkriechen, sich von ihr versorgen lassen, manch schöne Stunde mit ihr verbringen, aber nicht im Traum daran denken, sie zu ehelichen. Das Sein bestimmt seiner Meinung nach das Bewusstsein. Demzufolge hat der Mensch sich alles selbst ausgedacht und alles selbst geschaffen, einschließlich seiner selbst.

Zombie I – die Rückkehr des Glaubens als Ideologie

Karl Marx, einer der fähigsten Köpfe unter den Schülern Hegels, zählt nun flugs eins und eins zusammen. Er erkennt, dass die nachhegelsche Spekulation sich in der Leere verliert. Und ihm schaudert vor dieser Leere. Deshalb stellt er die Dialektik, die hohe Kunst der hegelschen Spekulation und Methode, auf den kargen und harten Boden des Feuerbachschen Materialismus, der Gott als eine Erfindung des Menschen definiert hat, in der Art, wie der Mensch das Rad und die Hutschachtel erfand. Doch Marx geht noch einen Schritt weiter, den verhängnisvollen Schritt von der Philosophie zur Ideologie:

»Das Fundament der irreligiösen Kritik ist: Der Mensch macht die Religion, die Religion macht nicht den Menschen. (…) Die Kritik hat die imaginären Blumen an der Kette zerpflückt, nicht damit der Mensch die phantasielose, trostlose Kette trage, sondern damit er die Kette abwerfe und die lebendige Blume breche. (…) Die Religion ist nur die illusorische Sonne, die sich um den Menschen bewegt, solange er sich nicht um sich selbst bewegt.«[59]

Der sich um sich selbst bewegende Mensch – das ist gestochen scharf, genauer kann man es nicht sagen, was eine Welt ohne Religion, eine Welt ohne Gott bedeutet. In einer Welt ohne Gott bewegt sich der Mensch nur um seine Egoismen, nichts und niemandem verantwortlich.

Mit diesen Sätzen beginnt die wirkmächtige Geschichte einer neuen Kirche, einer Kirche ohne Religion, die vorgibt, den Gottglauben besiegt zu haben, und statt seiner den Menschen die Sicherheit einer wissenschaftlichen Weltanschauung zunächst anbietet, im weiteren Verlauf der Geschichte aufnötigt und schließlich verordnet. Diese wissenschaftliche Weltanschauung ist übrigens ein famoses Ding: Oben gibt man den Wunsch nach Glückseligkeit ein, unten kommt der Kommunismus raus, in dem man glücklich zu sein hat! Die Maschine verarbeitet den Wunsch in einen Zwang. Der Hegelsche Staat als Realität der sittlichen Idee verwandelt sich in das Arbeitslager der kommunistischen Idee.

Mit diesem geschickten Etikettenschwindel meint man, dem Gottglauben entkommen zu sein, ihn ganz und gar vernichtet zu haben. Feuerbach strebt noch eine Art christlichen Sozialismus an, indem er die Liebe als zentrales Element des Christentums zum Zentrum seiner anthropologischen Theologie macht, die von einem allgemeinen Wesen des Menschen ausgeht. Marx dagegen hält nichts von so einer Wesenstheorie (Essentialismus). Er löst das menschliche Wesen in »die Menschen« auf, die Produkte bestimmter historischer Verhältnisse sind. Der Mensch nach Marx ist *made and powered by history*.

Das ganze System allerdings hat er erfolgreich vom Christentum abgekupfert: Das himmlische Paradies wird ersetzt durch den irdischen Kommunismus, statt Seelenheil in der Ewigkeit bietet man das Land Schlaraffia in der Endlichkeit der begrenzten Lebenszeit. Sinnigerweise hat der Marxismus an der Macht dieses Versprechen in keinem Fall einhalten können. Schlaraffia entsteht im ganzen Kommunismus nicht, nur allwaltender Mangel: Mangel an Geist, Mangel an Freiheit, Mangel an Lebensqualität, Mangel an Würde. Da bedarf es schon eines blinden und robusten ideologischen Glaubens, um diesen Mangel nicht als Wesenszug, sondern als Etappenproblem einzuordnen.

An die Stelle Gottes setzt Marx das Gesetz der Geschichte oder die Gesetze der gesellschaftlichen Entwicklung. Die Arbeiterklasse verklärt er zum Heilssubjekt, zu so etwas wie Jesus Christus, indem sie im Auftrag der Gesetze der gesellschaftlichen Entwicklung ihre historische Mission erfüllt. Wie Gott Jesus seinerzeit mit einer Mission betraut, um den Menschen das Himmelreich zu bringen, soll die Arbeiterklasse die Menschen in den Kommunismus führen. Sie tritt im Übrigen – wie Jesus Christus – erst zu einem bestimmten Zeitpunkt der Geschichte in Erscheinung und in die Handlung des *theatrum mundi* ein.

Die neue Kirche bildet zukünftig die Partei der Arbeiterklasse mit ihren Großen Führern und Parteivorsitzenden als unfehlbare Päpste. Karl Marx, Friedrich Engels, Wladimir Lenin und wahlweise Josef Stalin, Leo Trotzki, Nikolai Bucharin, Mao Zedong avancieren zu Kirchenvätern. Ihre Schriften werden geheiligt, Gegenstand der Exegese, nicht aber der Kritik, und Teil der Offenbarung des Gottes der Marxisten. Wenn man sie nicht gerade verboten hat und ihre Autoren als Ketzer dem Genickschuss, dem Eispickel und dem großen Vergessen anheimfallen. Aber davon weiß Marx zugegebenerweise noch nichts.

Um dem monotonen Mantra der kommunistischen Weltbeglückung Bedeutung und Legitimation zu verschaffen, verfällt Marx auf einen genialen Kniff. Er benutzt den Ruf der Objektivität der naturwissenschaftlichen Gesetze, indem er behauptet, dass sich die Entwicklung der menschlichen Gesellschaft nach objektiven Gesetzen, den Naturgesetzen gleich, vollzöge. Durch diese Behauptung gedeckt, stellt er nun der Öffentlichkeit ein Interpretationsmodell der Geschichte vor, das man in der Philosophie spekulativ nennen würde. Es ist wie die meisten Modelle gut manichäisch, hier die Guten, dort die Bösen, nur tritt an die Stelle von Gottes Schar und Teufels Legion die verfeindeten Klassen. Denn die Welt gilt nicht länger als Wallstatt Gottes gegen den Teufel, als Kampf der *civita dei* gegen die *civita terrana*, sondern sie stellt nunmehr den Ort dar, an dem die Klassenkämpfe zwischen den fortschrittlichen und den rückständigen Klassen toben.

So kehrt der tot geglaubte Glauben als säkularer oder ideologischer Glauben in einer absoluten Form zurück, ohne Vagheit und ohne Wähnen, auch ohne Kritik, sondern in der Bedeutung des Fürwahrhaltens. Reduziert um die kommunikative Komponente, denn in diesem säkularen Glauben existiert ja kein Objekt des Glaubens in Gestalt eines personalen Gottes, an den man und dem man glaubt, der sich offenbart und mit den man ins Gespräch tritt. Dieser neue Glauben verlangt einzig die völlige Unterwerfung unter die Ideologie, die uneingeschränkt für wahr zu halten ist.

Insofern widerspricht es mir eigentlich, hier von Glauben zu sprechen, denn wirklicher Glauben, Glauben an Gott, setzt Freiheit voraus. Glauben kann nur einer freien Entscheidung des Menschen entspringen. Folgerichtig sollen die Marxisten auch nicht glauben, sondern haben von der Richtigkeit des Systems überzeugt zu sein. Da man Wissenschaftlichkeit beansprucht, müssen sie von der Gültigkeit der Ideologie der wissenschaftlichen Weltanschauung überzeugt sein. Wie lautet doch der entlarvendste Satz des Marxismus, quasi seine Selbstheiligsprechung:

»Die Lehre von Marx ist allmächtig, weil sie wahr ist.«[60]

Das ist im Grunde ein auf vielfältige Weise seltsamer Satz. Erstens ist Wahrheit keine wissenschaftliche Kategorie denn die Wissenschaften unterscheiden nicht zwischen wahr und gelogen, sondern zwischen richtig und falsch. Zweitens ist die Idee, jemandem göttliche Allmacht aufgrund seiner Wahrheit oder Weisheit zuzusichern, merkwürdig. Denn auch Wissen ist weder wahr noch unwahr, sondern man weiß etwas oder man weiß etwas nicht. Nimmt man den Satz ernst, verliert das Fürwahrhalten seinen Bezug zum Wissen und verwandelt sich zum schlichten Gehorsam. Aus Forschung wird Interpretation. Der Gott der Geschichte, das heißt die historischen Gesetze, verlangen keine Antwort, kein Gebet, keine Kommunikation, der Gott der Geschichte gebiete einzig den Vollzug.

Im Beginn der kommunistischen Bewegung können wir wie in einem Brennglas beobachten, welch explosive ideologische Mischung Schwärmerei mit dem ausgeprägten Sinn für Realpolitik ergibt. Denn während die Schwärmerei alle moralischen Bedenken wegzudisputieren und in supramoralische Zwecke aufzulösen vermag, so verhilft der Sinn für Realpolitik zum praktischen Erfolg. Diese geistige Mischung nimmt praktische Gestalt in der Dialektik von Strategie und Taktik an. Wir sehen in diesem Brennglas nicht mehr und nicht weniger als die mörderische Konsequenz politischer Religionen, die Kirchen, sprich Parteien und Bewegungen, bilden. Sie nenne ich Ideologien.

Im Bereich des Alltags haben diese Ideologien schreckliche Folgen: Dem politisch Gläubigen ist alles erlaubt, insofern es dem großen strategischen Ziel dient. Es gibt keine Instanz mehr, die über der Welt steht, die menschliche Glückseligkeit ist selbst erste und letzte Instanz, sie zieht die Richtschnur der Moral und des Handelns. Und eigentlich klingt es zunächst ja auch ganz gut und sehr vernünftig. Warum sollen die Menschen nicht im Diesseits gut leben? Warum sich auf ein Jenseits vertrösten lassen, was es unter Umständen gar nicht gibt?

Zombie II – die Rückkehr des Glaubens als Wissenschaft

In der ersten Hälfte des 19. Jahrhunderts entsteht auch ein zweiter säkularer Glauben, ohne den die Ideologie des Marxismus niemals zu einer so mächtigen Bewegung hätte werden können: der Glaube an die Wissenschaft und in seiner Folge die säkulare Religion der Wissenschaft, die man später Szientismus nennen wird. Auch hier handelt es sich um eine Ideologie der Wissenschaft, nicht um die Wissenschaft selbst. Das wird gern und häufig verwechselt, am liebsten von den Ideologen der Wissenschaft, den Verkündern der neuen Religion tiefster Wissenschaftsgläubigkeit.

Ihre Glaubwürdigkeit beziehen sie aus der gelungenen Operation, die Ideologie, die Götzenanbeterei, die sie betreiben, für Wissenschaft zu verkaufen. Man muss schon genauer hinsehen und einige Vorurteile ablegen, um Wissenschaft und Wissenschaftsideologie zu unterscheiden.

Wozu aber der Aufwand, eine neue Religion zu schaffen, wenn es doch eine alte und erprobte Religion gibt? Auf diese Frage gibt es zwei Antworten: erstens Eitelkeit und zweitens Eitelkeit. Eitelkeit, weil man erstens gern ein neuer Prophet, vielleicht gar ein neuer Messias sein möchte, Eitelkeit, weil man zweitens nichts Höheres als das eigene Ego akzeptieren kann. Richard Dawkins sei hier noch einmal zitiert: »Wenn dieses Buch die von mir beabsichtigte Wirkung hat, werden Leser, die es als religiöse Menschen zur Hand genommen haben, es als Atheisten wieder zuschlagen.«[61]

Dass die eigene Argumentation fehlerhaft sein könnte, stellt der Verfasser nicht einmal in Rechnung. Demzufolge müssen diejenigen, die trotz der Lektüre ihren religiösen Glauben nicht aufgeben wollen und dafür gute Gründe besitzen, »eingefleischte Gläubige«[62] sein, die »keinem Argument zugänglich«[63] sind, also wenn man es recht bedenkt, keine Menschen, Zombies, die als Kinder intellektuell misshandelt wurden, sprich deren verstockter Widerstand gegen die genialen Argumente des Weltbeglückers Dawkins »in jahrelanger kindlicher Indoktrination aufgebaut«[64] wurde. Wobei sich am Rande die Frage stellt, ob Dawkins eine kindliche Indoktrination oder die Indoktrination von Kindern meint.

Mehr Toleranz vermag ein Inquisitor des Szientismus nicht aufzubringen. In alldem steckt kein einziges Sachargument, nur die Herabsetzung der Person des Andersdenkenden. Da man an den Atheismus nur glauben, von seiner Richtigkeit nur überzeugt sein, ihn aber nicht wissen kann, geht es darum, einen religiösen Glauben für einen obskuren Glauben zu zerstören.

Doch wie kommt es zu dieser Hybris? Die Grundlage dafür bildeten die enormen Erfolge der Technik und der Naturwissenschaft im 19. Jahrhundert. Sie erfüllen die Zeitgenossen mit einem ebenso großen wie naiven Fortschrittsglauben, den wir uns kaum zu vergegenwärtigen vermögen. Etwa zur gleichen Zeit als Kierkegaard das Heraufkommen der Religion der Naturwissenschaft ahnt, verfasst in Paris der Philosoph und Mathematiker Auguste Comte (1798–1854) die Bibel dieses neuen Glaubens als System des Positivismus. Es hat fortan nur noch bestand, was messbar ist.

Comte unterschied drei Phasen der Menschheitsgeschichte, die er sich von der Drei-Reiche-Theologie des Abtes Joachim von Fiore (1130–1202) abgeschaut hat, nicht in ihrer wunderbaren Diffizilität, sondern in ihrer groben Struktur.[65] Die erste nennt er die Phase des Priesters und des Kriegers, die die Welt erklärt aus dem Wirken eines Gottes oder übernatürlichen Prinzips. In der zweiten Phase, der Zeit der Philosophen und Juristen, wird die Welt aus abstrakten Ideen und dem Wirken abstrakter Kräfte hergeleitet, und in der dritten Phase, der gebenedeiten Ära der Positivisten, erkennt der Mensch die Welt, indem er ihren Zusammenhängen und Gesetzen mittels Experiment und exakter Messung auf die Spur kommt. Das Hauptziel des menschlichen Strebens besteht im Fortschritt, der ins Werk gesetzt wird durch eine Kirche, deren höchster Gegenstand in der Menschheit selbst besteht.

Auch bei Comte nimmt der Mensch die Stelle Gottes ein. Dass diese Vorstellung der marxistischen Ideologie im Ursprung ähnelt, hängt tatsächlich mit der gemeinsamen Herkunft zusammen. Comte ging bei dem utopischen Sozialisten Henri de Saint-Simon (1760–1825) in die Lehre, der wiederum Marx beeinflusst hat. Die Materialien, aus denen Marx seine Kirche errichtet, bestehen aus dem Materialismus Feuerbachscher Prägung, Hegels Dialektik, die er vom Kopf auf die Füße stellen will, und dem französischen Sozialismus der Menschheitsbeglückung eines Saint-Simon. So bildet sich aus vielen Heterodoxien die marxistische Orthodoxie.

Für die Naturwissenschaften und die Technikentwicklung stellt der Comtsche Positivismus eine brauchbare ideologische Begründung für die einfache Tatsache dar, dass man die Wissenschaftler ohne religiöse, ethische oder staatliche Beschränkung forschen und konstruieren lassen soll. Hat es in der Geschichte nicht genügend Beschränkungen, Hindernisse, Maulkörbe und Scheiterhaufen für wissenschaftliche Forschung gegeben? Wurde Giordano Bruno nicht verbrannt von der katholischen Inquisition und der Entdecker des geschlossenen Blutkreislaufs, Michel Servet, auf Befehl des Genfer Reformators Jean Calvin dem gut protestantischen Scheiterhaufen übergeben?

Trügerisches Paradies des Fortschritts

Und die Wissenschaften ihrerseits scheinen die Marxschen und die Comteschen Thesen auch praktisch zu belegen. Für die Erforschung der Natur und die Konstruktion von Maschinen benötigt man weder einen Glauben noch einen Gott, im Gegenteil sie wirken sogar hinderlich. Und als Darwin *Die Entstehung der Arten durch natürliche Zuchtwahl* und *Die Abstammung des Menschen* veröffentlicht, steht plötzlich nichts Geringeres als die Wahrheit der *Bibel* auf dem Spiel. Der Streit zwischen Evolutionisten und Kreationisten wird auch zweihundert Jahre danach noch in aller Schärfe und mit letzter Konsequenz geführt.

Der Papst flüchtet sich angesichts dieser Entwicklungen 1870 in das Unfehlbarkeitsdogma und blendet die Ergebnisse der Wissenschaft vom katholischen Standpunkt schlicht aus, indem er alles für Modernismus und Teufelszeug erklärt. Die evangelische Kirche ist inzwischen bereits vielerorts eine Staatskirche geworden und gerät immer stärker unter den Einfluss der Politik, mehr noch, in Preußen huldigt sie dem König als Dienstherren. Damit überlassen beide Religionen das Feld des Glaubens den Ideologien.

In dieser Zeit entstehen und erstarken das naturwissenschaftliche, das naturwissenschaftlich-historische und das positivistische Argument gegen den Glauben. Den Glauben an Gott verdrängt zunehmend ein anderer Glauben, der Glauben an mächtige Ideologien wie den Marxismus, die dem Menschen einreden, er könne das Paradies auf Erden errichten. Der Marxismus verspricht den Menschen die Gleichheit, verschweigt aber, dass er die Gleichheit meint, die Prokrustes schafft. Der Riese der antiken Mythologie pflegt seine Gäste den Maßen des Bettes, das er ihnen anbietet, anzupassen. Sind sie zu groß, hackt er ihnen die Füße ab, sind sie zu klein, bearbeitet er sie auf seinem Amboss, bis sie die richtige Länge haben.

Die Erfüllung des uralten utopischen Sehnens und Hoffens der Menschen rückt urplötzlich in greifbare Nähe. Eine letzte Anstrengung noch und es ist erreicht, das Land, in dem Milch und Honig fließen, wo der Mensch nicht mehr des Menschen Wolf ist und alle sich lieben und achten. Es lässt tief blicken, wie Marx' utopischer Kernsatz, wonach die freie Entwicklung eines jeden die Grundvoraussetzung für die freie Entwicklung aller ist, von seinen Erben immer falsch gelesen wird. Nicht aus bösem Willen, nicht um den Meister zu korrigieren, sondern in säkular-priesterlicher Blindheit lesen bis auf den heutigen Tag alle Funktionäre der neuen Kirche den Satz genau umgedreht, nämlich, dass die freie Entwicklung aller die Grundvoraussetzung für die freie Entwicklung eines jeden sei. Damit tappen sie in die Hegelsche Bärenfalle der Ideologie. Denn im Aufgehen des Subjekts im Objekt, des Bürgers in den Staat, definiert sich die Allmacht des Staates gegenüber dem Bürger, die Allmacht der Partei gegenüber dem Mitglied. Von daher leiten sich die Forderungen von Opfer und Parteisoldatenschaft her, von daher rührt das sozialistische Glaubensbekenntnis: Wenn wir es nicht für alle gut machen können, dann machen wir es wenigstens für alle schlecht. Die Forderung, dass es allen gleich gut gehen soll, kann eben auch heißen, dass es allen gleich schlecht geht.

Außer der marxistischen und der anarchistischen Konsequenz aus dem Zusammenbruch Gottes resultieren noch eine lebensphilosophische und eine biologistische. Friedrich Nietzsche konstruiert den Übermenschen, die Marxisten die allseits gebildete sozialistische Persönlichkeit, die Anarchisten das starke und egoistische Individuum und die Sozialdarwinisten erklärten Darwins *Struggle for Life* und den Sieg des Stärkeren über den Schwächeren zum Grundgesetz der Gesellschaft. Auch Dawkins entkommt in *Das egoistischen Gen* nicht der sozialdarwinistischen Konsequenz, selbst wenn er das nicht möchte, wie er sich im *Gotteswahn* vergeblich müht zu zeigen.

Es ist allerdings nur folgerichtig, dass man in der sozialdarwinistischen Konsequenz landet, wenn man bedenkenlos naturwissenschaftliche Vorstellungen auf die Gesellschaft überträgt, sie gegen die Vorstellungen von Gott und gegen die Religion in Stellung bringt. Ist es etwa nicht zwingend, dass man beim Recht des Stärkeren gegenüber den Schwächeren endet, wenn man das Konzept der Schöpfung, der Gottesebenbildlichkeit, der Barmherzigkeit, das kein Naturgesetz, sondern eine Aufforderung an die Menschen ist, verbannt? Da lob ich mir die Religion, die von dem Recht des Stärkeren, die von Zuchtwahl und natürlicher Auslese nichts wissen will, die im Konzept von Adam und Eva das gleiche Recht und die Ebenbürtigkeit aller Menschen postuliert, und stelle den Satz Jesu dagegen, wonach das, was den geringsten der Menschen widerfährt, ihm selbst, also allen Menschen angetan wird.

Die Jünger der Wissenschaftsgläubigkeit vergessen stets zu erwähnen, dass man keineswegs das Konzept der Evolution infrage stellt, wenn man es naturwissenschaftlich akzeptiert und für eine effiziente Erklärung für die Entwicklung der Lebewesen hält und es dann in einen Schöpfungsglauben integriert. Man stellt aber das Konzept der Evolution infrage, wenn man es unzulässig ausweitet, wenn man es auf die Gesellschaft anwendet, so wie Dawkins es unternimmt. Auch wenn er den Stärkeren durch den Altruistischen zu ersetzen versucht, dann mag zwar der Altruistische über den Stärkeren triumphieren, doch es bleibt die Frage, was altruistisch ist und was nicht. In der Konsequenz kommt immer Sozialdarwinismus heraus, wenn ich Darwins Vorstellungen auf die Gesellschaft übertrage, und führt schließlich zur Züchtung von Menschen. Das irdische Paradies des Szientismus ist Frankensteins Park.

Die Anbetung des Nichts

Im Streit der Ideologien wird kräftig gerungen um den Platz, von dem man Gott vertrieben zu haben wähnt. Der europäische Mensch erobert die Welt, er dringt 1893 bis zu den Nilquellen vor, kein Gebiet bleibt ihm verschlossen, die Welt ist nunmehr nur noch die Arena, in der sich der Pionierwille der Europäer austobt. Der moderne Mensch avanciert in der Erfahrung der Tätigen zum Demiurgen, zum Weltenbauer, und verdrängt mit Bessemerglocke und Erlenmeyerkolben Gott immer mehr.

Von Max Stirners Setzung des Einzigen und der Virulenz sozialistischer Ideen, die das Himmelreich auf Erden predigen, geht eine starke Wirkung auf russische Idealisten aus, die nicht selten dem Adel angehören. Michail Bakunin, Pjotr Kropotkin und Sergej Netschajew zählten zu den bekanntesten und zu den Vätern dieser Richtung, die eine anarchistisch-nihilistische Idee entwickeln, nach der es einzig auf die Befreiung des Menschen oder des Volkes aus der Unterdrückung ankommt. Die Tat wird zur Messe der neuen Kirche, ihr weihevoller Akt wie heute beispielsweise das Selbstmordattentat für die Islamisten.[66]

Dieser Akt der Befreiung gilt als höchste Moral und die Erreichung des höchst moralischen Ziels rechtfertigt alle Moralbrüche und Opfer, heiligt selbst Mord und Verrat, Lüge und Betrug. Die Gesellschaft wird als unmoralisch definiert. Ihre Gesetze und Regeln müssen verhöhnt werden, theoretisch, besser noch praktisch durch die geheiligte Tat. Der Hohn gehört zur Heiligung, stellt eine Art Weihe dar. Im Hohn weiht sich der Kämpfer gegen die niederträchtige Gesellschaft der heroischen Tat. Ohne fanatischen Glauben existiert kein Nihilismus, dessen Praxis sich fast ausschließlich in der terroristischen Aktion ausbildet.

Die Besonderheit des russischen Nihilismus und Anarchismus besteht darin, dass er den Menschen zwar auch an die Stelle Gottes setzt, nur ist es weder der katholisch noch der protestantisch, sondern der orthodox beschriebene Gott. Die russische Vergöttlichung des Menschen folgt der russisch-orthodoxen theologischen Tradition und Denkweise.

Doch wenn der Mensch die Stelle Gottes einnimmt, entsteht unweigerlich eine Leere, denn der Unterschied zwischen Gott und Mensch liegt in der Ewigkeit: Der Mensch ist endlich, Gott unendlich. Wenn also der Mensch die Stelle Gottes einnimmt, bleibt eine Fehlstelle, die der Ewigkeit, des Heils. Und da er Gott abgeschafft hat, vermag er sich nicht mehr in Gottes Ewigkeit zu finden. Der Mensch oder die Geschichte oder die hehre Absicht kann aus sich selbst heraus kein Heil, keine Ewigkeit, keine Versöhnung mit der eigenen Endlichkeit hervorbringen, es sei denn über die Heiligung durch das Opfer. Das klingt nicht nur archaisch, das knüpft auch an archaische Praktiken an.

Wenn der Mensch sich also einer Idee zuliebe opfert, dann geht er in dieser allgemeinen Idee auf und findet sein Heil. Er wird zum Märtyrer der Idee.

Das Opfer gehört zu den ältesten kultischen und so auch religiösen Handlungen. Im kultischen Opfer stabilisiert der Mensch seine Welt, indem er ein wichtiges Ereignis immer wieder stattfinden lässt und dadurch aktualisiert. Dass die Götter durch die Opferhandlung positiv für die Opfernden gestimmt werden sollen, das Opfer eine äußerst intensive Form religiöser Kommunikation ist und vom Glauben eingeschlossen wird, steht damit im Zusammenhang.

In der historischen Entwicklung der Religionen hat sich das Opfer immer stärker sublimiert und symbolisiert. Grob gesprochen wird aus dem prähistorischen Menschenopfer die Verwandlung des Weins in das Blut und des Brotes in den Leib Christi. Das Lebewesen wird zur Substanz sublimiert und das Opfer zur Transsubstantiation im Wunder der Eucharistie. Über diese humanisierende Leistung der christlichen Religion lohnt es sich nachzudenken.

Der Nihilist, der Gott leugnet, lehnt natürlich auch die Sublimation ab, und wenn er auch die ganze Religion des Christentums verachtet, wünscht er doch nichts sehnlicher als das stärkste, das radikalste religiöse Erlebnis, und das besteht im Opfer. In der Selbstopferung hofft der Nihilist, das Heil oder die Ewigkeit zu gewinnen, zumindest eine Form tröstlicher Transzendenz. In der Verachtung der bürgerlichen Kultur verfällt er nur immer stärker dunklen Atavismen, indem er seine »Welt« verabsolutiert und jegliche Rationalität aufkündigt: Das Blut, das Gefühl, die Tat, die Befreiung, der Egoismus, die Kraft treten an die Stelle der Vernunft oder des Logos. Und anders kann er eigentlich auch gar nicht. Die Vorstellung des eigenen Opfers muss der fehlenden Größe aushelfen. Ihre eigentliche Tragik besteht darin, dass sie sich in der Übertreibung über den Abgrund der Leere aufspannen, weil sie keinen Grund finden. In der Übertreibung hoffen sie, eine neue Realität zu evozieren. Auch ihre Ideen ergaben eine oft eklektizistische Ideologie. Die Verzweiflung der Suche der Nihilisten zeigt, wie nötig Religion ist.

Ich verstehe unter Ideologie ausschließlich ein in sich stringentes und kohärentes Ideenkonstrukt, das in funktionaler Hinsicht – auf die Verwirklichung politischer Ziele – praktische Handlungen allgemeinverständlich und vereinfacht begründen soll. Ihr Wahrheitskriterium stellt allein die Praxis, genauer ihre Praktikabilität bei der Verwirklichung des Ziels oder der Etappenziele auf dem Weg zum Ziel dar. Was für die Erreichung des Ziels gut ist, ist in der Ideologie wahr.

Sie verlangt einen reduzierten Glauben ohne einen personalen Gott, einen von Gott entkoppelten Glauben. Ihr Objektivitätskriterium liegt in der Willkür menschlichen Befindens und Meinens. Sie vereinigt weltlichen Glauben und weltliche Inquisition. Ihre Seinsform ist nicht die Theologie, auch nicht die Philosophie, sondern die Agitation und Propaganda. Ihr Ziel nicht der Geist, sondern die Massen. Ihr Anspruch lautet nicht Wahrheit, sondern Einflussnahme. Ihre Wirksamkeit setzt den Glauben an ihre Prämissen notwendig voraus. Sie ist nicht hinterfragbar, weil sie auf Postulaten beruht, die geglaubt werden müssen, ohne dass sie die Postulate auch als Postulate benennt oder kenntlich macht.

Damit soll den Ideologen keine Unredlichkeit unterstellt werden, weil sie sich dessen oft selbst nicht bewusst sind. Die Ideologen sind gewöhnlich die ersten Opfer ihrer Ideologie.

Zum Ende des 19. Jahrhunderts haben sich mächtige Ideologien und radikale Philosophien herausgebildet, die die existente Welt mit ihren Werten praktisch wie theoretisch in absoluten Zweifel zieht, mehr noch, die ihre Gesellschaft für überholt und untergangsreif halten.

Die drei Formen des Glaubens heute

Drei Grundformen des Glaubens, die bis auf den heutigen Tag aktuell sind, kristallisieren sich heraus: der religiöse Glauben, der ideologische Glauben und der fanatische Glauben. Natürlich kann jeder religiöse oder ideologische Glauben auch fanatisch sein, kann jede der drei Typen Elemente des anderen enthalten, doch hilft es, ihre verschiedenen Formen hinsichtlich ihrer Herkunft und ihrer Seinsbestimmung zu trennen.

Der religiöse (christliche) Glauben hat eine lange historische Läuterung erfahren, hat sich mit der Aufklärung und mit der Philosophie auseinandersetzen müssen und fußt auf den Pfeilern: Wissen um Gott, Verantwortung vor Gott, Vertrauen auf Gott und Reden mit Gott. Für ihn ist die höchste Instanz über-weltlich, er ist Teilhabe an der Offenbarung des Schöpfergottes und mithin Wissen um die Realität der Erlösung, der Heimkunft des Menschen zu Gott und in Gott. Der Ort des religiösen Glaubens ist die Heilsgeschichte.

Der ideologische Glauben hält sich für wissenschaftlich, er kennt keinen über-weltlichen Gott, sondern nur menschliche Autoritäten und will Erlösung im Diesseits finden, indem er eine Gesellschaft anstrebt, die ideal ist. Die definierte Idealität der Gesellschaft zeichnet ein ideales Menschenbild, sie verlangt und benötigt einen bestimmten Typ Mensch, um im idealen Sinn funktionieren zu können. Zur Erreichung dieses Ziels entwickelt dieser Glauben Grundannahmen und zum Teil rigide Verhaltensmaximen.

Der Glauben besteht darin, dass das Lehrgebäude richtig ist und er sich deshalb die Befragung seiner Grundlagen verbittet, ja, sie für obsolet oder gar feindlich hält. Er behauptet von sich, kein Glauben zu sein, sondern absolute Wahrheit, und setzt den Menschen an die Stelle Gottes. Genau betrachtet hat dieser Glauben nur seine rationalen Implikationen verloren und huldigt der ehernen Richtigkeit der Grundannahmen. Je rationaler er sich gibt, umso irrationaler ist er, je wissenschaftlicher er sich geriert, umso obskurer ist er.

Strukturell erlaubt er, die Welt nach seinem System schlüssig und vor allem hermetisch zu interpretieren, was mit der tautologischen Struktur der Ideologie zusammenhängt, die immer auf Selbstbestätigung hin konzipiert ist, deshalb setzt sie stets voraus, was sie beweisen will.

Wenn im religiösen Glauben der Mensch Verantwortung für Gottes Schöpfung zu übernehmen hat, dann hat im ideologischen Glauben der Mensch nur Verantwortung, mit der dann aber eher Hingabe gemeint ist, für die Durchsetzung der ideologischen Ziele zu tragen. Der sowjetische Autor Nikolai Ostrowski hat in seinem seinerzeit weitverbreiteten Roman *Wie der Stahl gehärtet wurde* Glauben und Glaubensinhalt so gültig auf den Punkt gebracht, dass Generationen ostdeutscher Schüler diese Confessio auswendig zu lernen hatten:

»Das Kostbarste, was der Mensch besitzt, ist das Leben. Es wird ihm nur einmal gegeben, und leben soll er so, daß nicht sinnlos vertane Jahre ihn schmerzen, daß nicht die Scham um eine schäbige und kleinliche Vergangenheit ihn brennt und daß er im Sterben sagen kann: Mein ganzes Leben und all meine Kräfte habe ich hingegeben für das Schönste der Welt – den Kampf um die Befreiung der Menschheit.«[67]

Das heroische Ziel wurde in Etappenziele zerlegt, was man in der marxistischen Organisationstheorie die Dialektik zwischen Strategie und Taktik nennt, um dem Einzelnen überschaubare Aufgaben zu stellen, die sich ruhig widersprechen können, denn der Widerspruch kann mittels Hegelscher Dialektik »aufgehoben« werden – darin besteht dann die ganze Wissenschaft. Der Ort des ideologischen Glaubens ist die politische Geschichte.

Der fanatische Glauben hingegen sucht das Opfer, er will die Erlösung, weil er tief verzweifelt ist über seine Existenz und über den Zustand der Welt. Mehr noch, die Welt ist ihm Quelle steter Beleidigung und zügellosen Zorns. Er ist extrem subjektiv, denn er setzt seine leidende Existenz mit dem in seinen Augen minderwertigen Zustand der Welt ins Verhältnis. Ihm mangelt es an jeder kritischen, vor allem aber selbstkritischen Distanz. Er mag die Ideologie benutzen oder die Religion, doch im Grunde wütet in ihm lediglich ein tiefer Nihilismus, eine tiefe Verzweiflung über die Welt, ein Wunsch nach gewaltsamer Erlösung. Mag er an einen Gott glauben oder auch nicht, seine eigentliche Religion ist das Opfer, seine Messe die Gewalt.

Fanatischer Glaube offenbart eine Krise der Kultur. Die Krise drängt allerdings im fanatischen Glauben zu einer exogenen Lösung als Konsequenz eines endogenen Problems, das sie nicht lösen kann, ohne sich selbst zu ändern, was sie wiederum aber nicht will. Wird dieser Glaube mit

Richtung und Inhalt versehen, wird sein Anhänger zum Attentäter, der sich selbst vernichten will, aber zur Rechtfertigung die Schuldigen an seinem bemitleidenswerten Zustand mitzunehmen wünscht. Wer diese Schuldigen sind, verrät ihm die jeweilige Ideologie.

Historisch kann man diese Richtung bei den Nihilisten, bei den russischen Anarchisten und Volkstümlern des 19. Jahrhunderts studieren. In der Gegenwart findet man ihn natürlich auch in religiösem Gewand – nicht nur unter Muslimen und Christen.

Dennoch: Nur der religiöse Glauben sieht den Menschen nicht als Funktion, sondern als Individuum, weil er im Menschen Gottes Geschöpf erkennt, das nicht verfügbar, nicht funktionalisierbar ist und dessen Würde auch nicht verhandelbar ist, weil es Gottes Würde ist. Nicht ein gesellschaftliches Ziel steht in seinem Zentrum, sondern ein menschliches, ein einzelmenschliches. Nur der religiöse Glauben kennt den Singular, denn er sieht im einzelnen Menschen die Menschheit, weil er von der Gottesebenbildlichkeit ausgeht.

Nach dem Triumph der Ideologie

Die Diktatur der Utopie

Im Unterschied zur christlichen Eschatologie, der Lehre von der endgültigen Erlösung des Menschen, mangelt es der verweltlichten Eschatologie, die ihren letzten Zweck eben in der Welt findet, an der Heiligkeit. Heiligkeit ist geheiltes Dasein, und geheiltes Dasein hat den Tod überwunden. Der Begriff der Utopie hingegen ist das ins weltliche gekehrte Paradies, die weltliche Form der Eschatologie. Diese kann nicht heilig sein, weil sie nicht erlöst, was nichts anderes bedeutet, als den Tod überwindet.

Die Utopie versucht stattdessen, den Tod durch die versprochene Fülle des Lebens vergessen zu machen. So gesehen ist nicht die Religion Opium des Volkes, sondern es sind die niemals eingetretenen Versprechungen der Utopie.

Aber ohne eschatologisches Verlangen, das im Menschen wohnt, gäbe es keine Utopie und kein utopisches Denken. Utopisches Denken ist der Versuch, den Himmel auf die Erde zu ziehen. Der transzendentale Kurzschluss erzeugt ein gefährliches Glühen im utopischen Denken, das sich rasch überhitzt und in der Überhitzung elementare Maximen der Menschlichkeit verbrennt. Die Gefahr der Utopie einer Lehre, die den Himmel auf die Erde bringen will, besteht darin, dass sie die Achtung vor dem individuellen Leben, vor dem Individuum, dem Recht des einzelnen Menschen, zerstören muss.

Die Realisierung der Utopie beginnt deshalb mit einem sich steigernden Konformitätsdrang und führt zu Menschenopfern, ja, scheint diese geradezu zu fordern. Mehr noch, es bleibt höchst eigenartig, dass die Utopie mittels des Opfers oder der Opferung verwirklicht wird. In der Opferung versucht die Utopie, Seriosität, eine Form von säkularisierter Heiligung zu erlangen, denn es ist ihr bewusst, dass sie von den Sakramenten ausgeschlossen ist. Könnte das Bedeuten, dass die Utopie im Opfer und in der Opferung ihre eigenen Sakramente erschafft?

Zudem bedarf die Utopie so sehr der Feinde, dass sie diese auch selbst erzeugt. Denn wer der Beglückung aller im Wege steht, ist ein Feind aller, und mit einem Feind aller, darf kurzer Prozess gemacht werden. Für das utopisch definierte, nicht individuelle Glück von hundert Menschen scheint es sittlich geboten, das Leben von vierzig Menschen opfern zu dürfen.

Im Gegensatz zur Religion kennt das Recht der Utopie das Individuum nicht, weil es als Recht einer abstrakten Majorität definiert wird, es kennt nur die Zahl, den Menschen als Masse, als Gattung, nicht als Individuum.

Der Feind aller, derjenige, der aus der Majorität ausgeschlossen wurde oder sich durch die Verteidigung seiner Individualität selbst ausgeschlossen hat, ist kein Mensch mehr, er ist ein »Volksfeind«, ein »Schädling«, ein »ehemaliger Mensch«, »ein Klassenfeind«, ein »tollwütiger Hund«, den man »abknallen« darf und muss, ein Opfer »kindlicher Indoktrination«. Der Mensch verschwindet, er geht entweder ein in die große amorphe Masse der Staatsbürger, der Arbeiterklasse, der Klasse der Bauern oder der Schicht der Intelligenz, wird Volk, Mitglied einer Volksgemeinschaft oder wird zum Verbrecher erklärt und eingesperrt oder getötet.

Die Utopie braucht den Menschen nicht, sie braucht »das Rädchen« (Stalin) im großen Getriebe, die vollständige Zahl, die homogene Masse, die ganze Menschheit als leere Größe, denn die Menschheit begreift sie nicht als Summe einzelner Menschen, sondern als Wesen ohne Wesenheiten, als Konsequenz der Auslöschung des Individuums, als Objekte der Wissenschaft, der Zuchtwahl, der Genmanipulation, des optimierbaren Humanpotenzials.

Das abstrakte, unsinnliche, schlechthin nicht überprüfbare, ungute Glück aller wird zum allgemeinen Rechtfertigungsgrund für die willkürlichen Anordnungen der Macht. Der Normzustand wird willkürlich, sprich gemäß der zugrunde liegenden Ideologie definiert. Die Macht muss sich nur diesem allgemeinen Rechtsgrund gegenüber verantworten, was bedeutet, dass die Abstraktheit des Rechtsgrundes immer für juristische Rückendeckung sorgt, die wiederum abgesichert wird durch die Dialektik von Auslegung und »schöpferischer Weiterentwicklung« der Werke der »Klassiker«, der Gründungsväter. (»Lenin entwickelte den Marxismus für die Phase des Imperialismus weiter, Stalin ist der Lenin unserer Tage, Adolf Hitler soll an die Stelle von Jesus Christus gesetzt werden et cetera«)

Während die christliche Eschatologie immer vom einzelnen Menschen, vom Individuum ausgehen muss, denn der Glauben ist ein individueller Akt der Zwiesprache des Menschen mit Gott, bezieht sich jedwede säkulare Utopie immer auf die amorphe Masse Mensch. Gott aber spricht nicht zu *den* Menschen, sondern er spricht zu *dem* Menschen. Der Singular religiösen Glaubens ist dem Utopisten fremd, denn der Utopist benötigt den Plural. Utopisten am Werk können es nicht zulassen, dass es individuelle Auswege gibt. Das gilt besonders für die Laboratorien der Wissenschaftskirche, denn Wissenschaft geht immer auf Verallgemeinerung. Das ist erkenntnistheoretisch in der Naturwissenschaft richtig, denn es geht hier ja um die allgemeinen Gesetzmäßigkeiten in der Natur, die es zu erforschen und zu formulieren gilt, es geht um die Regel, nicht um die Ausnahme. Dieses Denken aber gesellschaftsmodellierend angewandt, endet im Gulag oder im Menschenpark, denn wer darf sich das Recht herausnehmen, Menschen zu definieren?

Mit jedem Einzelnen, der nicht dazugehören möchte, der es ablehnt, die Utopie gleichsam zu seinem Lebensziel zu erklären, der eine andere Vorstellung vom Leben, vom Menschen hat, gerät die Utopie in existenzielle Gefahr. Wenn die Utopie nicht das zwingend Notwendige und absolut Wünschbare für die gesamte Menschheit ist, gibt es auch keinen Grund für sie. Wehe dem, der aus der Reihe tanzt. Ist sie nicht der Ort des Guten für alle, an dem es alle gut haben, müssen auch nicht alle dorthin wollen, wenn aber nicht alle dorthin wollen, muss man sie auch nicht für alle errichten. Errichtet man sie nicht für alle, errichtet man sie für keinen, denn ihr allgemeiner Rechtfertigungsgrund ist, wie gezeigt wurde, nicht das individuelle Glück, sondern das Gattungsglück der gesamten Menschheit. Für Einzelne als Ausnahmesituation erstellt, funktioniert sie nicht.

Euthanasie war die Konsequenz einer wissenschaftlichen Ideologie, die auf die Gesellschaft angewandt wurde; Euthanasie kehrt in unseren Tagen im neuen Gewand zurück als verheimlichter Bestandteil der Genforschung. Um keine Missverständnisse aufkommen zu lassen, es geht nicht darum, Forschung zu unterbinden, es geht darum, ethische Grundsätze auf die Forschung zu übertragen, um nicht zuzulassen, dass naturwissenschaftliche Möglichkeiten und Machbarkeiten der Forschung eines Tages als staatliches Gesetz oder gesellschaftliches Ideal womöglich mit Totalitätsanspruch das Leben der Menschen bestimmen, weil es der Fortschritt oder die Wissenschaft scheinbar erfordern. Nur weil etwas gemacht werden kann, ist es nicht automatisch richtig, es auch zu tun.

Utopisches Denken ist strikt totalitäres Denken, das in seinem Totum, nämlich in der Ausschließlichkeit der Utopie begründet liegt und bei Strafe seines Untergangs keinerlei Toleranz zulassen darf. Hingegen zeigt sich wunderbarerweise gerade im Totalitarismus die Kraft des Individuums. Es genügt ein Mensch, um das ganze System infrage zu stellen, deshalb wird er drakonisch verfolgt, deshalb darf man den Menschen nicht zulassen. Individualität ist Staatsverbrechen. Indem man sie gewähren lässt, verabschiedet man sich von der Utopie, zerfällt sie, denn sie benötigt den Glauben aller, da sie nicht über der Welt, sondern in der Welt existiert.

Wie der russische Philosoph und orthodoxe Mönch Pawel Florenski (1882–1937) schrieb, ist das Neue Testament durchwirkt von der Antinomie von Gesetz und Freiheit. Es ist die freie Entscheidung eines Menschen, Christ zu werden, an Gott zu glauben, an das ewige Leben. Deshalb ist der religiöse Glauben der Inbegriff der Freiheit, weil niemand zum Glauben gezwungen werden kann, weil der Glauben nichts weniger als eine freie Willensentscheidung darstellt. Der Ort des Guten ist transzendent, auch wenn von dem Guten etwas ins aktuelle Leben geholt werden kann, steht es jedem frei, sich auf den Weg dorthin zu machen. Das ist entscheidend: Der Mensch muss sich auf den Weg machen, es kommt nicht zu ihm. Die Transzendenz funktioniert sozusagen als eine Art Puffer zwischen Himmel und Erde. Der weltlichen Utopie fehlt dieser Puffer. Sie ist dem Leben direkt ausgesetzt. Alle müssen das Gute wollen, wer das Gute nicht will, will das Schlechte, wer das Schlechte will, ist ein Feind der Menschheit, ein psychiatrischer Fall. Was das Gute ist, haben die Utopiker bereits definiert. In der weltlichen Utopie muss sich niemand auf die Reise begeben, denn das Himmelreich wird um ihn herum gebaut, er quasi in ihm eingeschlossen und eingemauert, ob er will oder nicht. Damit wird die Freiheit des Menschen, die Grundlage der bewussten Entscheidung ausgehebelt.

Als Axiom gilt, an der besten aller Gesellschaften kann es keine Kritik geben, denn sie ist unbegreiflich gut, und vor allem ist sie unbegreiflich moralisch. Mord ist begreiflich, Vergewaltigung ist begreiflich, Raub und Diebstahl sind begreiflich, aber Kritik an dem Höhepunkt der Moral nicht, deshalb wurden im Nationalsozialismus und im real existierenden Sozialismus die »politischen Verbrecher« weit härter verfolgt und bestraft als Kriminelle. Wer das für übertrieben hält, lese nur einmal die Direktiven des KGB über den Umgang mit Kindern von Volksfeinden. Ab dem erreichten zwölften Lebensjahr durften sie wie ihre Eltern erschossen werden. Vorher hatten sie in Spezialheimen für Kinder von Volksfeinden auf die Vollendung ihres zwölften Lebensjahres zu warten.[68]

Die weltliche Utopie ist Gesetz ohne Freiheit, also Anordnung, also Befehl, also ein Gesetz, das nicht auf dem Recht, sondern auf der Willkür einer Ideologie fußt, während die christliche Eschatologie in der Spannung von Gesetz und Freiheit lebt. Florenski schreibt dazu:

»In der Antinomie von Gesetz und Freiheit, die das Gewebe des Neuen Testaments ausmacht, darf kein Begriff abgeschwächt werden: Der Sabbat ist in Wahrheit heilig; aber der Menschensohn ist Herr auch über den Sabbat. Leichtfertiger Verzicht auf den Sabbat ist für das Christentum ebenso schädlich wie die Ablehnung der christlichen Freiheit, und nur der begnadete Gang auf dem Grat dieser Autonomie profiliert den Christen.«[69]

Der Hinweis auf den Sabbat ist eine sublime Anspielung auf den Subbotnik, den Lenin eingeführt hat: Um die beste und gerechteste aller Gesellschaftsordnungen zu verwirklichen, muss zur verschärften Ausbeutung, zur Versklavung übergegangen werden. Zuerst wird der arbeitsfreie Sonnabend (russisch *Subota*) praktisch aufgehoben, indem die glücklichen und befreiten Menschen an diesem Tag »freiwillig« und unentgeltlich für den Sozialismus zu arbeiten haben, ein paar Jahre später werden große Gruppen der Bevölkerung gleich von KGB-Trupps nachts von zu Hause abgeholt und in riesige Arbeitslager deportiert.

Die schlimmste Sklaverei der Geschichte findet im 20. Jahrhundert statt und wird von zwei totalitären Regimes betrieben, vom nationalsozialistischen und vom bolschewistischen. Sie haben den Glauben an eine Ideologie, den ideologischen Glauben auf die grausame Spitze getrieben und praktisch vorgeführt, welch menschenverachtendes Potenzial diesseitige Utopien und utopisches Denken besitzen. Florenski, der seinen christlichen Glauben im Herzen trägt und im Glauben Freiheit findet, widersteht dem bolschewistischen Regime und seiner verlogenen und brutalen Diesseitsbeglückung. Er wird ins Lager verschleppt und kommt dort 1937 um.

Es gibt eine schaurige Anekdote. Ein Mädchen, im Leningrad der 1930er Jahre gefragt, wo seine Eltern seien, antwortet: »Mama und Papa sind wie alle anständigen Menschen im Lager.«

Utopisches Denken, das auf ein diesseitiges Totum aus ist, schafft demzufolge auch ein Totum in Form eines totalitären Regimes. Die großen Ideologien sind eine Geißel der Menschheit. Der Dichter Novalis ahnt es, als er schreibt: »Wo keine Götter sind, da walten Gespenster ...«[70]

Am Grab der Utopie

Wann radikalisieren sich Massen? Wenn sie ungebremst ins Elend rutschen? Oder wenn ihre Welt zusammenbricht, alle Gewissheiten schwanken und sie den Glauben an die Wirklichkeit der moralischen und religiösen Übereinkünfte verlieren? Das 20. Jahrhundert jedenfalls hat gezeigt, dass die Welt die Folterkeller und Grüfte öffnet, wenn ihr dieser Glaube abhandenkommt. Dann ist alles erlaubt, was gewollt wird, und es wird alles gewollt, was die Unwahrheit absichert. Der Mensch in seiner individuellen

Einzigartigkeit wird ausgehöhlt und zur Strecke gebracht, die Kreatur der Utopie kriecht aus dem Bett des Prokrustes, der der *präzeptor utopiae* ist. Diese Kreatur nennt man den Neuen Menschen, auch den Arier, den Kommunisten oder den Übermenschen. Wozu aber ein Übermensch? Der Religion genügt der Mensch.

Religionen und Ideologien gleichen sich, indem sie eine ideale Lebensvorstellung vorgeben. Diese ideale Lebensform ist das allerheiligste, sie ist zunächst zu recht der Wärmequell einer jeden Lebensvorstellung. Die Guten finden sich hier, die Schlechten nicht. Zutritt bekommt man, wenn man gut ist. Dieses Leben muss man wollen und man muss daran glauben, das heißt, man entscheidet sich bewusst dafür oder dagegen.

Religionen und Ideologien unterscheiden sich aber wesentlich darin, ob dieser ideale Ort in der Geschichte oder in der Heilsgeschichte, ob er in der Zeit oder in der Ewigkeit liegt. Wird dieser Ort in der Geschichte errichtet, vernichtet er die menschliche Autonomie und Freiheit, ist er der Zustand ohne Gnade. Begreifen wir diesen Ort hingegen in der Heilsgeschichte, setzt er Freiheit und Autonomie des Individuums voraus und erfüllt er sich in der Gnade.

Für den religiösen Glauben ist das jenseitige Paradies Gewissheit, für die philosophische Spekulation die Utopie ein Ideal, das man aufstellt, um zu zeigen, wie es eigentlich sein soll, wissend, dass man es nicht erreicht, hoffend womöglich, dass es Ideal bleibt, denn die Realisation in Kauf nehmend, hätte Thomas Morus seine *Utopia* nicht in Druck gegeben, weil dem Verständigen nichts Schlimmeres widerfahren kann, als in einer utopischen Welt leben zu müssen, im Terror der Idealität.

Aber die unvollkommene Welt benötigt ein Gegenbild, das in seiner Vollkommenheit un-menschlich sein mag, aber ein Korrektiv der Gegenwart darstellt. Nur der ideologische Glauben nimmt die philosophische Träumerei für bare Münze. Alle philosophischen Utopien karikierten in ihrer un-menschlichen Vollkommenheit die Unvollkommenheit der menschlichen Wirklichkeit mit dem Zweck einer affirmativen und daher vorbildhaften Kritik. Man kann insofern nicht von christlichen Utopien sprechen, weil die christlichen Vorstellungen eine Transzendenz, ein Jenseits, ein Leben nach dem Tode im Auge haben, während die Utopien strikt das Diesseits allerdings nur als Gedankenspiel ansteuern, während der ideologische Glaube dieses Gedankenspiel zur Handlungsanweisung erhebt. Gott nimmt den Menschen in seiner Unvollkommenheit an.

Ideale Gesellschaften werden hingegen von idealen Menschen gebildet. Da aber der ideale Mensch nur ein Konstrukt sein kann, weiß der Philosoph, dass es sich bei den Utopien eben um Modelle, um Versuchsanordnungen handelt, indem Idealitäten und nicht Realitäten vorausgesetzt und beabsichtigt werden. Insofern kann die Verwirklichung von Utopien nur antiphilosophisch und atheistisch erfolgen, weil sie Gott ablehnen muss, denn es geht um die Verjenseitigung des Diesseits.

Der totalitäre Ideologe passt die Utopie als konkretes Ziel in sein Glaubenskonstrukt und muss deshalb den Menschen seines Systems definieren, der vom Konstrukt abgeleitet wird. Das ist der Konstruktionsfehler: Es wird nicht die beste aller möglichen Gesellschaften für den tatsächlichen Menschen gesucht, sondern es wird der ideale Mensch als Funktion einer idealen Gesellschaft definiert. Wie sagt es Franz Kafka so treffend: »*Ein Käfig ging einen Vogel suchen.*«[71]

So wird in der praktischen Verwirklichung der Utopie der Geheimpolizist zum Pädagogen.

Nimmt man den Menschen den Glauben an Gott, so machen sie ihresgleichen zu Göttern: Mussolini, Hitler, Lenin, Stalin, Mao und so weiter und so fort.

Menschen aber sind fehlbar, und wenn man sie zu Göttern erhebt, übersieht man im blinden Glauben ihre Fehler und ermöglicht damit, dass sie ins Monströse wachsen.

Spätestens mit der Implosion des Sozialismus ist es um den ideologischen Glauben geschehen, er hat sich nicht nur hinreichend blamiert, das wäre das wenigste, er hat seine menschenverachtende Konsequenz vorgeführt. Und alle, die sich 1968 einen gütigen Sozialismus abseits der unappetitlichen Realität im Ostblock erträumt haben, alle, die wohlbehütet und wohl ausgestattet im Westen revolutionäre Träume hegen, die die erste Hälfte ihres Lebens vom Vermögen ihrer Eltern leben und die zweite vom Kapital ihrer Enkel, indem sie auf das Wirtschaftswunder eine riesige Staatsverschuldung setzen, entdecken plötzlich den Pragmatismus. Ihnen sind die Ideale und die Ideen abhandengekommen. Religion besitzen sie ohnehin nicht.

Weder ihre hehren Phrasen werden verfangen, noch ihr Gutmenschentum wird sie vor der Feststellung schützen, dass vor ihnen und nach ihnen nie wieder eine Generation so gut, so luxuriös, so sorglos, so konsumverwöhnt in Deutschland leben wird wie sie, die das Erbe der Eltern und die Zukunft ihrer Kinder verprassen. Dass sie in die Situation gekommen sind, ist Glück und der Fleiß ihrer Eltern, dass es auf lange Zeit keine Generation wieder so gut haben wird, dafür tragen sie die unmittelbare Verantwortung. Dass sie das Erbe ihrer Eltern verfrühstücken, daraus kann man ihnen keinen Vorwurf machen, das war ihr gutes Recht, dafür aber, dass sie die Zukunft ihrer Kinder und Kindeskinder gleich mit verjubeln, daraus schon.

Doch diese Wahrheit wird sie nicht erreichen, dazu ist der Panzer ihrer Selbstgerechtigkeit zu dick. Sie haben sich mittels Ideologie unempfindlich gemacht. Denn eigentlich sind sie die geschädigte und betrogene Generation, eine Generation, die einen so großen Traum geträumt hatte, der dann von einer unbotmäßigen Realität so gründlich zerzaust wurde. Da steht er nun, der große Traum, in blutigen, aberwitzigen Fetzen. Und während ich ihn betrachte, verschlägt es mir den Atem, denn durch sein zerrissenes Kostüm scheint plötzlich sein innerstes Wesen hervor. Mit allem hätte ich gerechnet als innerem Antrieb der großen Revolutionäre und hochmoralischen Weltverbesserer: mit großer Menschenliebe, mit einem überbordenden Gerechtigkeitssinn. Aber nichts dergleichen. Was ich entdecke, ist leider nur der ganz normale, hinter säuselnden Worten versteckte menschliche Egoismus. George Orwell, der Verfasser der *Animal Farm*, wusste bereits, dass dort, wo alle gleich sein sollen, ein paar gleicher sind. Oder anders gesagt: Der Kampf für die Hungernden wird von den Satten geführt, nicht damit die Hungernden satt werden, sondern damit die Satten satt bleiben.

Da stehen sie nun am grauen Morgen am Grab der Utopie, manche trauernd an der offenen Grube, andere kommen erst gar nicht, einige wohnen der Beerdigung versteckt im nahen Gestrüpp bei, aber keiner von ihnen kann oder will begreifen, weshalb der große Traum nicht in Erfüllung ging, wo sie es doch so gut gemeint haben. Es ist aber alles halb so schlimm, denn das Schlaraffenland hat sich für sie ja verwirklicht, allerdings nur für sie.

Die Hedonismus-Falle

Was bleibt übrig von dem irdischen Paradies? Das Carpe diem, das »Nutze den Tag«, der Genuss des Seienden, der pure Hedonismus, die Entdeckung des Rotweins und der Toskana? Der Zusammenbruch des Kommunismus seit 1989 hat die letzten gesellschaftlichen Utopien blamiert und die heraufziehende Wirtschafts- und Systemkrise des Kapitalismus noch einmal vertagt. An eine Berliner Häuserwand hat in den 1990ern schon jemand den Satz geschrieben: »*Der Kapitalismus hat nicht gesiegt, er ist nur übrig geblieben.*«

So berauscht sich der übrig gebliebene Kapitalismus an seinen Erfolgen. Doch merkwürdigerweise will so recht keine Aufbruchstimmung aufkommen, keine Freude am Erkunden neuer Ufer, es gilt vielmehr, das eigene vermeintliche Erfolgsmodell überall im ehemaligen Ostblock anzuwenden. Der Aufbruch wird vertagt. Es geht in den 1990ern doch eigentlich nur noch darum, eine große Party zu veranstalten. Anstelle einer Diskussion, wie aus der neuen Situation Neues werden kann, vernimmt man nur ein forsches: »Weiter so!«

Dass zynische Sprüche wie »Tue Gutes und rede drüber« zu Partywitzen werden, zeigt, wie sehr sich das Subjekt entleert, zum Anhängsel von Konsum, Wellness und Trends wird und die Menschen zu redenden Masken, zu chattenden Usern, zu Humanschnittstellen.

Der Bankrott des ideologischen Glaubens und die Ferne des christlichen Glaubens, über den man sich lustig macht, stürzen das Individuum in eine Sinnkrise, die es versucht im Konsum zu betäuben. Im Hedonismus. Geboten ist, was Spaß macht, verpönt ist, was fordert, was anstrengt, was etwas abverlangt. Verzicht ist nicht sexy, Askese lebensfeindlich. Das Individuum macht sich nicht nur objektiv, das ist es politökonomisch gesprochen ohnehin, nein, es macht sich zudem in seiner eigenen Vorstellung zum Marktsubjekt. Der eigene Wert wird nach 1989 immer mehr an der Anhäufung von Reichtum gemessen, im Kleinen wie im Großen. Als dann noch der Aktienboom einsetzt, siegt die Vorstellung, man könne durch Nichtstun immer noch reicher werden, vollends.

Doch die Betäubung der Sinnkrise reift zur größeren Krise heran, denn in dem Desaster der Finanz- und Euro-Krise, des agierenden Terrorismus und eines heillos überforderten Staates steht der Mensch zwischen seinen eigenen immensen Ansprüchen und dem Zusammenbruch der Gewissheiten. Was gestern noch nach Schlaraffia roch, müffelt heute bereits nach Armenhaus. Und kein Sinn fängt den Menschen auf, denn der ganze Sinn besteht im Wohlstand, im Anspruch. Politik erschöpft sich in den letzten Jahrzehnten namentlich in Deutschland darin, wachsende, irreale Ansprüche zu befriedigen, irrwitzige Schulden für den eigenen Machterhalt wurden und werden aufgehäuft, um wiedergewählt zu werden.

Die Katastrophe ist vorprogrammiert. Deutschland führt eine Anspruchsdebatte, die als Verteilungsdebatte daherkommt, aber keine Wertedebatte. Religion spielt so gut wie keine Rolle mehr und man fragt sich schon lange, welche Bedeutung das C in Merkels Partei hat.

Doch die Situation wird von allen politischen Richtungen vernebelt, indem von sozialer Gerechtigkeit gesprochen wird, wenn man eigentlich nach immer neuen Finanzquellen sucht für eine riesige Geld- und Wertverbrennungsmaschine, die Staat heißt. Denn so staatsfern sich die Deutschen auch geben mögen, heißt doch ihr eigentlicher Götze Versorgungsstaat, an den sie heiß und innig mit rührender Anhänglichkeit glauben. Und selbst der letzte übrig gebliebene Revolutionär ist noch ein Verehrer Otto von Bismarcks. Mehr als alle Ideologien hat die Deutschen Bismarcks

Sozialversorgung als Staatssystem über alle Parteien hinweg geprägt und geeint.

Selbst dass der allgemeine Wohlstand bröckelt, führt nicht dazu, dass die Frage gestellt wird, ob der konsumorientierte Wohlstand, der die Sinnkrise der Gesellschaft verdeckt, das Maß aller Dinge einer Gesellschaft sein kann? Oder: Ob der starke Sozialstaat, der in Wahrheit ein Koloss auf tönernen Füßen ist und alle arm macht, der sozialistische Irrweg des Westens ist, die späte Rache des untergegangenen Kommunismus? Weil es den Menschen zu gut ging, gingen sie aufs Glatteis. Sie wünschen sich einen Kuschel-Sozialismus. Der Staat soll notfalls richten, was das wirtschaftlich erfolglose Subjekt nicht vermag.

Es bleibt jedenfalls dabei, das Leitbild stellen weiterhin der Wohlstand, der Fortschritt und das Wachstum dar. Und je gefährdeter der Einzelne wird, umso größer wächst die Angst vor der Verantwortung. Der Ausbau der Bürokratie wird sinnfälliger Ausdruck der panischen Furcht vor Verantwortung, immer neue Instanzen werden zwischengeschaltet, so dass für den Einzelnen kaum noch etwas an Verantwortung übrig bleibt. Dort aber, wo niemand mehr verantwortlich ist, beginnt die Verwahrlosung.

Das Bröckeln des Wohlstands gibt den Blick frei auf das Fehlen des Sinns, auf die große Leere, die so viele in der Hektik leerer Handlungen zu vergessen suchen. Wir erleben tagtäglich, wie immer weniger funktioniert, um wie viel unbequemer unser Leben wird. Wie die Schulen zerfallen, die Universitäten unter den ihnen zugemuteten Lasten ächzen, das Gesundheitswesen eines der reichsten Länder der Erde nicht einmal in der Lage ist, auf epidemische Gefahren angemessen zu reagieren. Wir erleben eine Gesellschaft in Lähmung, vielleicht sogar eine Gesellschaft in Agonie, auf alle Fälle aber eine Gesellschaft, die, wenn sie sich nicht verändert, verändert wird.

Durch gedankenloses Verhalten trägt jeder täglich dazu bei. Wir erregen uns, wenn die Einkaufsstraße zugestaut ist, und halten selbst in der zweiten Reihe, stellen die Warnblinkanlage an, wenn wir einkaufen, ohne an den nachfolgenden Verkehr zu denken. Wir erregen uns über die »Sozialstaat-Abzocke« und lassen uns auch gern einmal öfter als einmal weniger krankschreiben. Wir machen uns Luft über die Korruption der Großen und vergessen unsere kleinen Vereinbarungen. Wir meinen, die Reichen müssten mehr Steuern zahlen, und versuchen den Staat selbst um jeden Euro zu betrügen … Wir meinen, die anderen müssten endlich richtig handeln, und verschließen vor unserem Fehlverhalten die Augen. Wir reden über alles, haben zu allem eine Meinung, aber keine Tat. Wir verlieren zunehmend das Gefühl für richtig und falsch, denken immer weniger über die Folgen unserer Handlungen nach und versuchen solange als möglich, die Augen vor den immer größer werdenden Rissen zu schließen. Wir sind zutiefst desorientiert. Sie nicht? Ich schon.

Der Hedonismus macht selbstsüchtig und faul, weil es kein anderes Ziel als den Hedonismus gibt. Alles, was Verantwortung verlangt, wird zurückgewiesen. Stattdessen ist Vollversorgung angesagt, das Rundumsorglospaket. Aber Sorge gehört zum Leben, wie der Schmerz, wie die Pflicht, wie die Verantwortung, wie die Freude, wie die Heiterkeit, wie der Glauben.

Und dann wird wieder jemand gewählt, der den Status quo aufrechterhält, und wehe, er bekommt es nicht hin.

Alles, was nach Verantwortung riecht, wird abgelehnt – vor allem Kinder. Die Geburtenrate spricht Bände. Aber wer soll auch Vater und Mutter werden, wenn das gesellschafliche Ideal doch Infantilität bis ins hohe Alter zu verlangen scheint? Wer mit fünfzig schon der Pubertät entwachsen ist, muss sich ja eigentlich schämen. Es ist eine

Flucht vor der Verantwortung, eine Angst vor Verantwortung, die jeden Kinderwunsch im Keim erstickt. Dabei könnte Kinder zu erziehen lehren, Verantwortung zu übernehmen. Aber so dreht sich die Spirale in die Leere.

Der Sinn dieser Gesellschaft ist nicht der einer Gemeinschaft, sondern der einer grotesken Versicherung, in die man eigene Verantwortung einzahlt, um im Bedarfsfall versorgt zu werden. Dass diese Versorgung in Krisenzeiten schlechter werden muss, weil immer mehr Menschen sie in Anspruch nehmen, liegt auf der Hand.

Gesellschaften, die keine Dynamik mehr entwickeln, sind sterbende Gesellschaften. Aber Dynamiken entstehen aus Sinnsetzungen, das heißt, Gesellschaften, die keinen Sinn haben, sind tot. Stirbt unsere westliche Gesellschaft also an einer Art Gesellschaftsinfarkt? Hat der Hedonismus, die Selbstsucht, die Glaubenslosigkeit, die Religionslosigkeit, die Sinnlosigkeit zur Trägheit geführt, einer Trägheit, die in Agonie übergeht?

Zur Sinnkrise gesellt sich nun die Euro-Krise. Das gepriesene Marktsubjekt kann sich immer weniger in wirtschaftlichen Erfolgen bestätigen und betäuben, die sich im Konsum widerspiegeln müssen. Was aber bleibt dann? Der Mensch muss etwas Sinnvolles für sich finden. Das Finden von Sinn ist eine Lebensfunktion. Er kann Sinn in einer Gemeinschaft, in einem Glauben, in der terroristischen Aktion, im Nihilismus, im Konsum finden, in der Befriedigung von Bedürfnissen, von denen er meint, dass er sie hat. Das alles klingt alarmistisch. Doch die Lage ist ernster als beschrieben. Eine Gesellschaft ohne Sinn ist eine Gesellschaft ohne Gravitationszentrum, ist eine zufällige Ansammlung von Egoisten, die in der Einsamkeit des Egos dem Autismus anheimfallen. Ohne den Logos verflüchtigt sich der Ethos rasch. Logos aber ist das Wort, das Fleisch geworden ist.

Das Ende des Wissenschaftsglaubens

Und als würde das nicht genügen, droht auch noch Gefahr von den Wissenschaften. Die letzte Bastion eines weltlichen Glaubens, des Glaubens an die Segnungen stiftenden Wirkungen der Wissenschaften, den besten und verlässlichsten Freund des Menschen, wankte spätestens seit dem 1972 erschienenen legendären Bericht des Club of Rome *Über die Grenzen des Wachstums.* Atomkatastrophen wie die von Tschernobyl und Fukushima geben dem Bericht Recht und der *Zukunftsreport Moderner Staat 2012* thematisiert die Grenzen des Wachstums bezogen auf die demografische Entwicklung.

Damit hatte niemand ernstlich gerechnet. Naturliebhaber und Zivilisationskritiker hat es zwar immer gegeben, aber die werden bestenfalls belächelt, wenn man sie überhaupt zur Kenntnis nimmt. Nachdem die wissenschaftliche Weltanschauung als ideologischer Glaube mit dem Ende der Utopien an Einfluss verliert, verfällt zusehends nun auch die propere und selbstgewisse Weltanschauung der Wissenschaft.

Die weiße Seite der Wissenschaft zeigt plötzlich ihre dunkle Seite, so, als habe man lange Zeit nicht zur Kenntnis genommen, dass die reine Naturwissenschaft nicht nur Dr. Jekyll sondern auch Mr. Hyde ist, und zwar zu gleichen Teilen.

Zu all den deprimierenden Aussichten gesellt sich noch der 11. September 2001. Damit schwinden zusehends der Traum einer multikulturellen Gesellschaft, die Hybris der Unverwundbarkeit und die naive Vorstellung vom Ende der Geschichte nach dem Ende des Kalten Krieges 1989. Die Geschichte setzt erneut mächtig ein, und während man sich noch im Liegestuhl am trägen Ufer des Hedonismus sonnt, kommt das ungute Gefühl auf, dass man am Ende nicht Subjekt der wieder einsetzenden Geschichte sein könnte, sondern nur noch ihr Objekt.

Das Fehlen von Religion, die den Menschen als Glaubenssubjekt voraussetzt, führt dazu, dass die Menschen zu Objekten des Marktes und des Staates gemacht werden. Die Finanz- und Euro-Krise öffnet einen erschreckenden Blick auf eine Gesellschaft, die sich abseits von einem immer unwirksamer werdenden Wahlmodus zu einer Oligarchie aus Bankern, Hedgefondsmanagern, Politikern und Medienmogulen entwickelt. Der Philosoph Jürgen Habermas sprach vom politisch-medialen Komplex.

Bis heute haben die westlichen Gesellschaften keine adäquate Umgangsweise mit den neuen Herausforderungen gefunden, die in der Überalterung der Gesellschaften, dem Geburtenrückgang, dem Verlust an wirtschaftlicher Kraft, der Implosion des Sozialstaats, der zunehmenden Furcht vor den Naturwissenschaften, der Globalisierung, der Klimaveränderung, der Krise der parlamentarischen Demokratie bestehen und schließlich dem vehementen Angriff aus anderen Weltgegenden, entweder durch Terroristen oder durch gewaltige Wanderungsbewegungen auf unser politisches und auf unser soziales System.

Die westlichen Gesellschaften haben keine adäquate Antwort formuliert, weil sie selbst in einer tiefen Sinnkrise stecken. Die Gesellschaft kann nur als Ganzes auf die Herausforderungen reagieren, sie ist aber keine Gemeinschaft mehr, sie ist eine Ansammlung von Egoisten, die nur noch die Fußballweltmeisterschaft, die Arbeitslosen- und die Rentenkasse zusammenhält.

Wenn eine der ältesten Motivationen darin bestand, dafür zu sorgen, dass es den eigenen Kindern besser geht, wenn das ein gewaltiger Movens und ein ungeschriebener Generationenvertrag war, dann fällt dieses Movens für unsere kinderarme Gesellschaft weg. Dabei stellt es die früheste gesellschaftliche Grunderfahrung dar, dass man Kinder großzieht, um im Alter abgesichert zu sein. Der Versuch, einen individuellen Sinn im Leben zu finden, ist so lange richtig, wie er nicht versucht, im Individualismus als Egoismus einen höchst zweifelhaften, vollkommen auf sich gerichteten Sinn zu akquirieren.

Wo Gott fehlt, hat dieser einzig auf sich gerichtete Sinn gute Chancen, die Herrschaft zu übernehmen. Wenn der gesellschaftliche Wettbewerb einzig darin besteht, wie ich am besten noch durchkomme, werde auch ich nicht mehr durchkommen. Damit, dass der Letzte das Licht ausmacht, darf sich niemand beruhigen, denn er könnte ja dieser Letzte sein.

Mitnichten ist das Ende der Geschichte erreicht, aber es könnte sein, dass das Ende unserer Geschichte erreicht ist. Die historische Erfahrung lehrt, dass Reiche entstehen, aufsteigen und untergehen. Auf alle Fälle stehen wir vor einem großen Paradigmenwechsel. Und man darf ihn nicht unterschätzen, sonst hat man schon verloren. Die Jahrhunderte, in denen der Glaube an Gott als vernunftwidrig und fortschrittsfeindlich begriffen wurde, sind vorbei. Wir haben die Chance, diesen Paradigmenwechsel zu gestalten, und zwar für uns zu gestalten. Dafür müssen sich Glauben und Denken wieder versöhnen. Viel Zeit bleibt uns nicht mehr dazu.

III.

So kann es sein: Eine mit der Religion versöhnte Welt

Die Sehnsucht nach Vollkommenheit

Unsere Zeit hat den Glauben an Gott verloren. Er ist kein Konsens mehr, auch wenn die Kirchen das gerne anders hätten. Aber wir haben auch jeden anderen Glauben verloren. Mit dem Glauben kam auch die Religion abhanden. Und nun? Geht es ohne Glauben? Geht es ohne Religion? Ist die Welt ohne Glauben, ohne Religion besser geworden? Natürlich verneine ich diese Frage. Aus guten historischen Gründen. Nicht nur, dass ein Leben ohne Glauben ein Leben ohne Sinn wäre, die ganze Menschheitsgeschichte zeugt schließlich davon, dass sie in dem Moment erst menschlich wird, indem sie Bewusstsein, das als religiöses Bewusstsein entsteht, entwickelt.

Aber wenn das so ist, liegt der Glauben nicht im menschlichen Wesen begründet? Oder modern ausgedrückt: Ist der Glauben genetisch angelegt? Muss der Mensch glauben, um zu leben. Benötigt er Religion? In dem Sinn, dass das Bewusstsein, das Denkvermögen, das Erinnerungsvermögen, das Gedächtnis genetisch inzwischen erworben und prädisponiert ist, ist es, die These sei gewagt, auch der Glauben. Ein Mensch, der seine Fähigkeit zum Glauben nicht lebt, ist nicht anders als ein Mensch, der seine Vernunft nicht nutzt. Aber was bedeutet das?

Die eigentliche Zeit des Glaubens ist die Ewigkeit. Indem man den Glauben von der Ewigkeit entbindet und ihn ins Hier und Jetzt versetzt, macht man ihn flexibel. Ein flexibler Glauben ist aber ein Widerspruch in sich. Deshalb hat sich der flexible Glauben, der wie auch immer gearteten Vernunftsreligion historisch in kurzer Zeit, wohl grob geschätzt in zwei Jahrhunderten, erledigt.

Um mit Schleiermacher zu sprechen, benötigen wir eine positive Religion. Im wirklichen, also nicht flexibilisierten Glauben geht es um eine Festigkeit, die man den Mittelpunkt der Welt nennen kann. Einen Punkt, von dem man sich aus orientieren kann, um sich nicht verloren zu gehen, um bei sich zu bleiben, ganz gleich, wohin man geht. Im Glauben befindet man sich bei sich selbst. Wir sind das, was wir glauben – im guten wie im schlechten Sinn.

Bleibt also nur der religiöse Glauben, dessen Gegenstand nicht der ethisch aufgeputzte Zufall sein kann, dessen Ort nicht die Geschichte, sondern die Heilsgeschichte ist, die eine den Menschen in seiner Endlichkeit übersteigende und ihn aufnehmende Kraft darstellt. Er ist die innere Stärke, das Vertrauen, dass etwas existiert, das nicht den willkürlichen Läufen der Zeit zur Geisel gegeben wird, etwas, das größer als der Mensch und größer als die Welt ihm entgegenkommt: die Religion nennt es Gott.

Wenn Gott existiert, wenn Gott nicht abhängig, nicht der Willkür ausgesetzt ist und man in Beziehung zu ihm treten kann, dann besteht auch für jeden einzelnen Menschen die Hoffnung, nicht nur ein Rohr im Wind zu sein. Umgekehrt, wenn alles flexibel, alles verhandelbar, veränderbar, vertauschbar ist, wenn heute Weiß und morgen Schwarz als Grundlage definiert wird, dann verwandelt sich jeder zu einem schwankenden Rohr im Wind, zu einer Marionette der Mode, zu einem sich selbst erhaltenden Pool für Gentechniker, zu einem Spielzeugball auf den Wellen, zu einer Wolke im Wind. Auf die Welt gekommen, weil ein paar Zellen sich vereinigt haben, die bald darauf wieder zerfallen werden. Und zwischen dem kurzen Rendezvous der Zellen fände dann das statt, was man pathetisch Leben nennt: die Suche nach einer möglichst guten Form zu vergessen, dass man sterben muss.

Die verzweifelte Suche nach dem perfekten Vergessen als Inhalt des Lebens muss folglich vom Selbst absehen, denn das Selbst wäre die Erinnerung des Todes, die man verdrängen möchte. Dieser Zustand des Menschen ist der anzustrebende Idealzustand für die Marketingexperten und Verkäufer. Es ist der Zustand, den sie füllen können. Sie füllen ihn mit etwas, dass nur noch hungriger macht. Daraus wird deutlich, dass wir nicht wissen dürfen, wer wir sind, denn bewusst gewordenes Sein als Selbstbewusstsein wäre ein Sein zum Tode hin.

Bewusst gewordenes Sein aber als Bewusstsein seiner selbst als Leben, zum Leben hin wäre Erkenntnis des Aufgehobenwerdens in der Ewigkeit. Glauben als Fürwahrhalten der und Vertrauen in die Möglichkeit der Ewigkeit. In etwas, das größer ist als wir selbst, das aber in uns ist und deshalb bleiben wird und uns schließlich – nur aus dem Grund, weil es größer ist als wir – uns über uns selbst erhebt. Das Selbst wäre dann das Bleibende.

Wäre der Mensch vollkommen, würde er keinen Gott benötigen. Vollkommen meint in jeder Hinsicht perfekt: moralisch und körperlich, psychologisch und biologisch, unbegrenzt in der Zeit und überall zu Hause. Aber der Mensch ist in keiner Hinsicht vollkommen. Der Glauben hilft dem unvollkommenen Menschen, der von der Vollkommenheit weiß, aber sie nie erreichen kann, in den Zumutungen der Unvollkommenheit. In dem Abstand, der zwischen der Unvollkommenheit und der Vollkommenheit klafft, wurzelt die Sehnsucht des Menschen nach dem Mehr.

Eindrucksvoll berichtet darüber der gnostische Text *Das Lied von der Perle*: Darin bitten die im irdischen Jammertal

Gefangenen den Erlöser, für sie zu beten. Er erfüllt ihren Wunsch, indem er seine eigene Erlösungsgeschichte erzählt:

Königskinder werden

Als Sohn eines Königs wuchs er im prächtigen Palast seines Vaters auf. Eines Tages schickten die Eltern ihn aus, um eine Perle, die in Ägypten von einer schrecklichen Schlange bewacht wurde, zurückzuholen. Kehrte er mit der Perle zurück, würde er das Königreich erben. So legte er sein goldbesticktes Gewand, »das sie in ihrer Liebe gemacht hatten«,[72] ab, um unter den Leuten nicht aufzufallen, und begab sich auf abenteuerlichen Wegen über Afghanistan, den Iran und Mesopotamien nach Ägypten. Trotz seiner einfachen Kleidung wurde der Erlöser von den Menschen, die dem Demiurgen verfallen waren und ihm dienten, entdeckt und enttarnt. Sie gaben ihm Nahrung zu essen, die ihn alles vergessen ließ: »Ich wusste nicht (mehr), dass ich ein Königssohn war, ihrem König aber diente ich. Ich vergaß die Perle, nach der mich meine Eltern geschickt hatten, und durch die Schwere ihrer Nahrung verfiel ich in tiefen Schlaf.«[73] In dieser schlimmen Situation erhielt er einen Brief von seinen Eltern, der ihn daran erinnern sollte, wer er war und warum er sich auf die Reise begeben hatte. Und der Ruf erging an ihn:

»Steh auf, werde nüchtern vom Schlaf und höre die Worte des Briefes. Gedenke, dass du ein Königssohn bist. Unter ein knechtisches Joch bist du gekommen. Denke an dein goldbesticktes Kleid; denke an die Perle, deretwegen du nach Ägypten gesandt worden bist, dass dein Name genannt werde im Buch der Tapferen, und du ... Erbe in unserem Königreich sein wirst.«[74]

Der König hatte den Brief versiegelt, denn er musste an den bösen und finsteren Mächten, den Kindern Babylons und »den gewalttätigen Dämonen«, vorbeigeschmuggelt werden. Der König selbst brachte, in einen Adler verwandelt, die Botschaft zu seinem Sohn. Dieser erwachte aus seiner Betäubung, denn der Brief war »geschrieben … wie das, was in meinem Herzen aufgeschrieben war«.[75] Die Worte lösten in ihm durch ihre Gleichheit Erinnerung aus. Erweckt, wurde ihm wieder bewusst, dass er ein Königssohn und was sein Vorhaben war. Mit Sprüchen bezauberte er die Schlange, raubte die Perle und kehrte mit ihr in sein Königreich zurück. Dort legte er wieder sein Strahlenkleid und das goldbestickte Gewand an und brachte die Perle zu seinem Vater.

Die Geschichte klingt nach einem Märchen, doch ist in ihr in poetischer Weise der grundlegende Mythos der Gnostiker erzählt. Die Seelen oder die Lichtfunken wurden von den Archonten und Demiurgen mit Körpern versehen. Sie bekamen vom Irdischen zu essen und zu trinken und erinnerten sich dadurch nicht mehr daran, dass sie aus der Nähe Gottes stammten, aus dem Pleroma, aus der Fülle. Sie vergaßen, dass sie eigentlich Königskinder waren und in Knechtschaft lebten. Damit sie aus ihrer Betäubung erwachten, bedurfte es des Rufes, der sie zu der Erkenntnis (griechisch *gnosis*) ihrer wahren Identität führte. Diese Erkenntnis ermöglichte ihnen die Rückkehr in ihre Heimat.

Wie wäre es, diesen alten Weisheitstext auf unsere Zeit anzuwenden? Auf die Schwierigkeiten, die wir mit der Religion, dem Glauben an Gott haben. All die Königskinder, die vergessen haben, wo sie eigentlich herkommen. Von wem sie Freiheit und Rechtfertigung erhalten? Wenn Gott die Heimat des Menschen darstellt, dann wäre die Religion die Erinnerung und durch die Erinnerung die Erkenntnis, wie wir heimkehren können.

Weil die Religion am Anfang der Menschheitsgeschichte stand und der Glauben den Menschen geschaffen hat, so führt auch der Weg zu uns heimzukehren wieder durch den Glauben an Gott. In der Religion können Menschen ihr wahres Selbst finden, das weder markt- noch konjunkturabhängig ist, weil es sich nicht an die schwankenden Meinungen, an das Allgemeine bindet, sondern an die Unveränderlichkeit Gottes, an das Absolute. Für manche Gnostiker bestand die Erlösung bereits in dem Wissen, in der Erkenntnis.

>*Die Freiheit aber ist die Erkenntnis der Wahrheit, die schon besteht, ehe es zur Unwissenheit kam, und (sie) herrscht bis in Ewigkeit ohne Anfang und ohne Ende; sie ist etwas Gutes, und sie ist Erlösung von den Werken, und sie ist Befreiung von der Natur der Sklaverei, in der (alle) diejenigen gelitten haben, die hervorgebracht worden waren aus einem niedrigen Gedanken der Torheit.*«[76]*

Diese Erkenntnis befreit und erlöst. Wo der Mensch nur an sich glaubt, »seine Sach auf Nichts« stellt, und die Endlichkeit angenommen hat, auch wenn er versucht, sie verzweifelt zu vergessen, hat er den Glauben verloren und ist in ein bloßes Wähnen gewechselt.

Der Mensch darf sich nicht zur letzten Instanz erheben, weil er dann im ursprünglichen Sinn des Wortes un-verantwortlich wird. Wo es nichts Größeres gibt als den Menschen, spielt der Mensch in Wahrheit keine Rolle mehr, dann hat er in der Tat vergessen, dass er ein Königssohn ist.

Die Informationsgesellschaft wird nicht zur Wissensgesellschaft, wenn sie nicht vorher zur Glaubensgesellschaft geworden ist. In Anbetracht der Gräber der Utopie und der

Leere oder des leergelaufenen Hedonismus, nachdem alles ausprobiert worden ist, sogar die Hölle, bietet es sich an, zum Glauben zurückzukehren. Aber einfach ist es nicht, es gab ja auch gute Gründe für die Abkehr, für die Suche, für die Distanz, Gründe, die es lange Zeit unmöglich machten zu glauben.

Wie man glauben kann

Unserer immer noch faktenversessenen Zeit erscheint der Glauben als Zumutung, Religion ohnehin. Der Glauben passt nicht zu einem positivistischen Bewusstsein. Doch dieses Bewusstsein trägt nicht weit, denn das Faktische oder das, was ich messen kann, betrifft nur einen Ausschnitt der Realität und kann nicht für das Ganze gelten. Nicht nur, dass Gott nicht messbar ist, die Natur ist es auch nicht zur Gänze. Unsere sinnliche Wahrnehmung bleibt limitiert. Auch wenn wir unseren Sinnen mit Gerätschaften aushelfen, die uns ermöglichen, das Kleinste und das Entfernteste zu sehen, bleibt vieles außerhalb unserer Wahrnehmungsmöglichkeit. Eigentlich das meiste.

Kein geringerer als der Physiker Ernst Mach (1838–1916) wies in seinen Überlegungen immer wieder mit großer Skepsis auf die Beschränktheit unserer Wahrnehmung hin. In der Diskussion über die Atome soll er laut dem Bericht von Hermann Genz einem Disputanten entgegnet haben: »Ham se welche gesehen?« Interessant dabei ist, dass der Physiker Mach auf naturwissenschaftlichem Weg zu einer Erkenntnisskepsis kommt, die auf einer Wahrnehmungskritik beruht, die in der Konsequenz zuletzt der irische anglikanische Bischof George Berkeley (1685–1753) geäußert hatte.

Spekulative Philosophie und Naturwissenschaft kommen auf verschiedenen Wegen zu gleichen Ergebnissen. Weite Bereiche der Wirklichkeit werden von unseren Sinnen schlicht und ergreifend nicht wahrgenommen. Also muss Erkenntnis mit Erkenntniskritik und die Wahrnehmung durch die Sinne mit Skepsis einhergehen, wissend, dass wir nur einen kleinen Teil zur Kenntnis nehmen können. Das Problem des Arguments steckt noch etwas tiefer: Es geht von der Gegenüberstellung von Religion und Naturwissenschaft aus, so, als sei die Naturwissenschaft exakt und der Glauben eine Angelegenheit der Ewiggestrigen, der sentimentalen Schöngeister, im Gegensatz zu den klaren, unsentimentalen, rationalen Forschern.

Auch wenn diese Gegenüberstellung inzwischen an Konsequenz verloren hat, Naturwissenschaftler an den Grenzen ihrer Arbeit immer stärker auf den Glauben stoßen und Priester sehr wohl auch in den Naturgesetzen Gottes Wirken erkennen können – die Denkklischees, die aus dieser Gegenüberstellung erwuchsen, sind langlebig.

Der schon erwähnte orthodoxe Mönch Pawel Florenski war Sprachwissenschaftler, Chemiker, Physiker, Biologe, Mathematiker und Kunsthistoriker, und auf all diesen Gebieten brillierte er zu einer Zeit, als das Universalgelehrtentum bereits ausgestorben war. Möglicherweise finden wir in ihm den wirklich letzten europäischen Universalgelehrten. Trotz seiner wissenschaftlichen Arbeit und Leidenschaft blieb er tief gläubig. Fügen wir unserer Betrachtung die vielen gläubigen Wissenschaftler, die ihre Forschung sehr wohl mit ihrem Glauben vereinbaren konnten, und die Wissenschaftler, die selbst Priester waren wie der Jesuit Teilhard de Chardin, hinzu, dann merken wir, wie künstlich letztlich dieser Gegensatz ist. Wir haben uns angewöhnt, Geschichte und Natur zu trennen, schlicht einander gegenüberzustellen. Aber auch diese Trennung ist künstlich, denn die Natur verändert sich, wie sich der Mensch verändert, der Teil der Natur ist.

Nun hat man die menschliche Geschichte von den Veränderungen der Natur getrennt unter dem Hinweis, dass die menschliche Geschichte Ziel, Auftrag, Richtung und Bewusstsein einschließt. Aber dafür existiert kein Beweis, wir sind vielmehr auf dem weiten Feld der Übereinkunft und des Postulats. Ob Hitler oder Stalin besser waren oder kulturell einen Fortschritt oder eine Höherentwicklung darstellten gegenüber einem Gewaltherrscher der ausgehenden Bronzezeit, bleibt doch sehr fraglich, wie das ganze Konzept des Fortschritts, das der Geschichte Ziel und Richtung verleiht, fragwürdig ist. Die menschliche Geschichte ist Teil der Natur.

Entweder glaube ich an Gott, dann sind Natur und eben auch Mensch auf Gott zurückzuführen, oder ich glaube an keinen Gott, dann ist das Göttliche Teil der Natur des Menschen, der wiederum Produkt rein natürlicher Prozesse ist, also Teil der Natur. Ganz gleich, welchen Ausgangspunkt man wählt, die Gegenüberstellung ist weder in der Theorie, was die geistigen Implikationen betrifft, noch in der Praxis hinsichtlich der Wissenschaftler aufrechtzuerhalten. Daraus folgt, dass man Natur und Geschichte, Wissenschaft und Glauben als Ganzheit in den Wechselwirkungen zu betrachten hat. Diese Wechselwirkungen können, wenn sie von der Statik der ideologischen Gegnerschaft erlöst werden, für unsere Zeit produktiv werden, sie können es umso mehr, weil sie nur zwei Seiten einer Medaille zu sein scheinen. Geben wir uns also nicht mit dem untersten zufrieden, mit dem Banalen, dem scheinbar vor Augen Liegenden, denn der Gegenstand des Glaubens, und wir sprechen ab hier nur noch vom eigentlichen, vom religiösen Glauben, ist *credentur absentia*. So definiert der große Philosoph und Theologe Augustinus, dass der Gegenstand des Glaubens das nicht vor Augen

Liegende, das dem Blick Verborgene ist, eben *credentur absentia.*

Wir haben uns angewöhnt, an die Existenz eines Neutrons eher zu glauben als an die Existenz Gottes, obwohl niemand bisher ein Neutron gesehen hat, mehr noch: Der Beweis für die Existenz wird extrapoliert aus den Wirkungen, ganz wie die alten Gottesbeweise auch Gott aus seinen Wirkungen nachzuweisen suchten.

Streng muss die Gewissheit des Glaubens und die Beweisbarkeit des Geglaubten auseinandergehalten werden. Gewissheit entsteht aus dem Gewussthaben. Für den Glauben bedarf es keines Beweises, weil er das Wissen, das er hat, übersteigt, weil er das Wissen inhäriert, darin liegt seine Ge-Wusstheit. Zu glauben ist insofern klarster Ausdruck der Willensfreiheit, weil man den Glauben weder beweisen noch herleiten kann. Man kann sich nur für oder gegen ihn entscheiden. Die Möglichkeit der Entscheidung ist eine Funktion der Freiheit.

Die Verwandtschaft von Glauben und Naturwissenschaft

Der Gegenstand der Naturwissenschaft ist die Natur, so wie sie sich ihr darstellt, so wie sie die Natur zu erkennen und zu erklären versucht. Dabei ist die Naturwissenschaft weit davon entfernt, eine vollständige Erklärung für die gesamte Vielfalt der Natur anzubieten, sozusagen die Einheit in der Vielfalt erklären zu können. Jeder Versuch, verschiedene Phänomene komplex, aber verbunden zu erklären, führt zu Gott. Daraus resultiert die große Faszination, die einige bedeutende Physiker, die sich mit einer einheitlichen Feldtheorie beschäftigen, für die Theologie hegen. Das muss nicht unbedingt und in jedem Fall die christliche sein, wie die Gespräche von Atomphysikern mit dem Dalai Lama zeigen. Aber es zeigt, dass die Physik, auf einer bestimmten Ebene angekommen, nicht ohne die Metaphysik auskommt, wie die Biologie nicht ohne die christliche Ethik voranschreiten kann

Das hängt für die Physik mit der Erweiterung des Gesichtsfeldes zusammen; Newton hat es zeitlebens geahnt. Wie Daniel, dessen Prophetie er gern auslegte, muss er sich gefühlt haben am Ende des Tages der Forschung:

»Geh, Daniel! Denn verschlossen und versiegelt bleiben die Worte bis zur Zeit des Endes. Viele werden geläutert, gereinigt und erprobt.« (Daniel 12,9.10a)

Um diese verschlossenen Worte, um das verborgene Wissen geht es Newton, das er nicht allein aus der Physik erlangen kann. Nur in der geistigen Zusammenschau von Physik und Metaphysik kann es ahnbar werden. Aber da es mehr als Wissen ist, wird das gewusste Wissen und das Fürwahrhalten des nicht Beweisbaren zur Gewissheit. Gewusstes Wissen und wissendes Ahnen nähern sich der Wahrheit an. Mehr ist nicht zu wollen. Aber es ist nur mit Religion zu finden.

Dass Naturwissenschaft nicht ohne Metaphysik auskommt, wenn sie nicht ihre Voraussetzungen ignoriert, resultiert aus den »metaphysischen Räumen« der Forschung selbst. Bevor die naturwissenschaftliche Analyse beginnt, erfolgt ein Willensakt, wie bewusst er auch immer sein mag, eine Entscheidung für die Formulierung des Problems, für die Wahl der Methode und für die Postulierung der Voraussetzung. Diese unbefragte, willkürlich erscheinende Entscheidung kommt dem Glaubensakt nahe, weil sie intuitiv erfolgt, eine Intuition, also eine Ein-Gebung ist, so wie auch der Glauben nach Blaise Pascal aus Vernunft, Gewohnheit und Eingebung besteht. Wir sehen also, dass die Natur der Entscheidung im Glauben und die Natur der Entscheidung in der Wissenschaft identisch sind.

So wichtig und unverzichtbar Vernunft und Gewohnheit auch bleiben, so sind sie nichts ohne die Eingebung, ohne das, was uns geschenkt, was in uns gesenkt, was uns gegeben wird. Da mithin am Anfang der naturwissenschaftlichen Erkenntnis ein bewusster oder unbewusster Glaubensakt steht, taugt sie nicht als Argument gegen den Glauben. Verfolgt man den Streit zwischen Evolutionisten und Kreationisten beispielsweise, dann wird deutlich, dass die Verabsolutierung der Standpunkte in die Irre führt und dass man der Wahrheit erst nahekommt, wenn man beide sich im Übrigen nicht ausschließende Standpunkte miteinander verschränkt. Denn die evolutionäre Entwicklung der Lebewesen widerspricht nicht dem Gedanken der Schöpfung. Man darf nur nicht *die Bibel* missverstehen und 6000 Jahre im heutigen Sinne proklamieren und dabei das Zeitverständnis der Zeit außer Acht lassen.

Wenn man die Zeit nicht als messbare Konstante, sondern als inneren Sinn begreift, verdeutlicht sich der Unterschied zwischen Zeit als physikalischer und Zeit als mythischer oder als göttlicher Einheit. Wer *die Bibel* auf historisches Geschehen hin liest, muss das Weltbild der Zeit, in der sie verfasst wurde, und ihre Absichten mitdenken, sonst versteht er sie falsch.

Ein Beispiel: Die Archäologen Neal A. Silberman und Israel Finkelstein haben ein Buch über die archäologische Wahrheit der *Bibel* verfasst. Als sie heutige wissenschaftliche Standards anlegten, schien der ganze Text in reine Fiktion zusehends zu zerfallen. Als man aber das Beschriebene mit den Beschreibern gemeinsam betrachtete, ließen sich die historischen Berichte der *Bibel* einordnen und verifizieren.

Die Geschichte des Stammvaters Abram gibt einen stimmigen Bericht über die Besiedlung der Levante durch Auswanderer aus dem Zweistromland wieder. Die Sintflut hat wirklich stattgefunden, wir finden sie auch im mesopotamischen Schöpfungsmythos erwähnt und sogar dargestellt.

Die Bibel lässt sich also geschichtlich und heilsgeschichtlich lesen, man darf die Lektüreweisen nur nicht verwechseln. Hier hält man sich in der Tat am besten an den vierfachen Schriftsinn. Wenn wir aber die Wahrheit der *Bibel* finden, in dem wir methodisch exakt und adäquat vorgehen, dann entfällt der historisch-naturwissenschaftliche Einwand gegen ihre Plausibilität.

Man kann Ergebnisse gegenwärtiger Wissenschaft auch als Bestätigung des christlichen Glaubens lesen, wenn man bereit ist zu akzeptieren, dass die Schöpfung weitaus komplexer ausfällt und jede neue Erkenntnis uns ahnen lässt, wie vielschichtig die Welt und das Leben organisiert sind. Dabei darf man keinesfalls vergessen, dass auch die wissenschaftlichen Aussagen nicht die Realität selbst darstellen, sondern Erklärungs- und Beschreibungsmodelle, sinnvolle Denkkonventionen für eine Welt anbieten, die wir nicht erkennen, wohl aber immer besser beschreiben können.

Der gute Gott und die böse Welt

Das gewichtigste Argument, das über die Jahrhunderte Menschen das Glauben schwer, ja, unmöglich gemacht hat, enthüllt sich in der Frage: Kann ein gerechter und guter Gott das Ungerechte und das Schlechte zulassen? Viele haben sich damit auseinandergesetzt, eine große und gewichtige Literatur ist entstanden.

Was passiert, wenn man diese Frage umdreht? Sie lautet dann folgendermaßen: Darf ein gerechter und guter Gott direkt eingreifen, wenn das Ungerechte und Schlechte sich durchsetzt? Darf er wie ein Fahrlehrer auf die Bremse treten oder ins Lenkrad greifen, wenn der Fahrschüler die Kontrolle über den Wagen verliert? Was geschieht, wenn Gott direkt eingreift?

Eine direkte Intervention würde die menschliche Willensfreiheit, die Freiheit zur schlechten und zur guten Entscheidung, aushebeln. Ohne Willensfreiheit keine Freiheit der Entscheidung; ohne Freiheit der Entscheidung keine Entscheidung schlechthin; ohne Entscheidung keine Unterscheidung und ohne Unterscheidung, wie wir bereits gesehen haben, kein Denken, kein Erinnern, keine Ordnung – ohne Ordnung: das Chaos. Im Chaos aber kann der Mensch als bewusstes Wesen nicht existieren. Das Chaos ist das Ende des Menschen als eines sich seiner selbst bewussten Lebewesen. Gott würde also in dem Moment, in dem er direkt eingreifen würde, das Menschsein abschaffen und den Menschen in die Bewusstlosigkeit des Tieres zurückwerfen.

Auch eine andere Denkfigur macht die Koexistenz eines guten Gottes mit einer ungerechten Welt plausibel: Gottes Wirken ist nicht geschichtlich sondern heilsgeschichtlich (vgl. den Abschnitt »Die Sehnsucht nach Vollkommenheit«). Das heißt, in dem Moment, in dem Gott auf der Erde intervenierte, würde er die Geschichte in der Heilsgeschichte auflösen und ein Paradies auf Erden erschaffen: Die Menschen würden sich – naiv gesagt – zurückverwandeln in Adam und Eva vor dem Sündenfall.

Doch erst im sogenannten Sündenfall, der mythischen Geschichte um den Baum der Erkenntnis im *Alten Testament*, wurde der Mensch zum Menschen, denn er erlangte die Freiheit des Willens und die Freiheit, zwischen gut und böse zu entscheiden.

Der Mensch kann – auch das beinhaltet diese Freiheit – Gott annehmen. Aber er muss sich dazu entscheiden, er muss es wollen. Eine größere Freiheit kann es nicht geben, deshalb schließen Freiheit und Christentum sich nicht aus, im Gegenteil: Sie bedingen einander.

Es kommt ein zweites hinzu: Gott greift in die Weltgeschichte ein, wenn wir glauben. Wenn wir an Gott in der christlichen Variante glauben und die Lehren Jesu für uns maßgeblich werden, dann kann die Bergpredigt für uns Richtschnur sein. Nächsten- und Feindesliebe etwa können uns nicht gleichgültig sein. Das heißt, der Glauben an Gott fordert zu einer Haltung der Liebe auf, die – das ist wichtig zu wissen – mehr mit Respekt als mit Gefühl zu tun hat. Diese Liebe soll im Handeln konkret werden. Insofern greift Gott ein, indem er die Grundmaximen als ordnendes Prinzip setzt – und zwar durch uns, vorausgesetzt wir glauben an ihn.

Dennoch bleibt ein Rest von Unbehagen, kann ich mich vom Theodizee-Problem nicht so einfach suspendieren. Immer noch bohrt die Frage trotz aller Gründe in meinem Hinterkopf: Wenn Gott so allmächtig ist, wie kann er dann die Not und das Elend, diese Gewalt und diese Grausamkeit, die Menschen gegen Menschen verüben, und nicht selten gegen die schutzlosesten unter ihnen, zulassen? Wäre der Willensfreiheit nicht auch mit etwas weniger Grausamkeit genüge getan? Dass einiges davon in Gottes Namen geschieht, ist eine Scheindiskussion, mehr noch, es ist zynisch das zu unterscheiden, denn Mord bleibt Mord, Folter Folter, Vergewaltigung Vergewaltigung, aus welchen Motivationen sie auch immer geschehen. Ob von Kirchen- oder Parteifunktionären, von Königen oder Päpsten, von Präsidenten oder Diktatoren befohlen oder von Einzeltätern verübt – die Grausamkeit bleibt dieselbe.

Ich kann es nicht verstehen, dass Gott das zulässt, obwohl ich gute Gründe habe, das zu glauben! Ich befinde mich damit in guter Gesellschaft, denn es ist die Frage, an der Hiob fast zu zerbrechen droht. Und das Einzige, was ihm hilft, ist der Glauben, auch wenn er den Skandal des ungerechten Leidens nicht mildert.

Gehe ich also zum Äußersten: Stelle ich mir vor, dass Gott nicht existiert. Was also wäre, wenn ich nicht an Gott glauben würde? Würden mich die Gewalt und die Grausamkeit weniger erschüttern? Meine Frage würde nicht mehr lauten: »Wie kannst du das zulassen, Gott?«, sondern: »Warum tun Menschen das?« Müsste mich diese Fragestellung nicht weit mehr erschüttern, weil sie so ohne Hoffnung ist? Menschen wären reißende Bestien, die nur durch Schwäche oder Erziehung gebremst würden, in ihrer Blutrünstigkeit. Sie wären nichts weiter als dies.

Mir würde es dann schwerfallen, an die Liebe zu glauben. Denn wodurch wäre dieser Glauben abgesichert? Ich kann nicht verstehen, dass Gott Verbrechen zulassen kann, aber ich weiß, dass er den Menschen zu seinem Ebenbild bestimmt hat. Das ist seine Aufgabe. Seine Möglichkeit. Darin liegt Hoffnung. Vielleicht findet man auf die bohrende Frage der Theodizee die Antwort, die freilich nicht erschöpfend ist, dass Gott Hoffnung ist, weil er in die Menschen die Möglichkeit gelegt hat, keine reißende Bestie zu sein. Der Mensch mag sich als reißende Bestie verhalten, aber nicht nur, nicht alle. Und so wie es das radikal Böse im Menschen gibt, so gibt es das radikal Gute in ihm. Das radikal Gute kann nur vom radikal Guten kommen, von Gott. Der Ausgang ist nicht entschieden. Die Seele des Menschen ist ein Kampfplatz. Aber wir lebten nicht, wenn wir uns nicht bewähren müssten. Gäbe es Gott nicht, würden wir die Grausamkeit nicht einmal erkennen, wir würden sie für natürlich halten, wir würden sie nicht erkennen, weil wir die Liebe nicht hätten.

1 Wenn ich mit Menschen-, ja mit Engelszungen redete,
hätte aber die Liebe nicht, wäre ich tönendes Erz oder eine
gellende Schelle.
    2 Und wenn ich die Prophetengabe hätte und alle Ge-
heimnisse wüsste und alle Erkenntnis und wenn ich allen
Glauben hätte, sodass ich Berge versetzen könnte, hätte
aber die Liebe nicht, so wäre ich nichts.
    3 Und wenn ich alle meine Habe verschenkte und wenn
ich meinen Leib zum Verbrennen hingäbe, hätte aber die
Liebe nicht, so nützte es mir nichts.
    4 Die Liebe ist langmütig, gütig ist die Liebe, sie ist nicht
eifersüchtig, die Liebe prahlt nicht, sie bläht sich nicht auf.
    5 Sie handelt nicht taktlos, sie sucht nicht den eigenen Vor-
teil, sie lässt sich nicht erbittern, sie trägt das Böse nicht nach.
    6 Sie freut sich nicht über das Unrecht, freut sich viel-
mehr mit an der Wahrheit.
    7 Alles erträgt sie, alles glaubt sie, alles hofft sie, alles dul-
det sie.
    8 Die Liebe hört niemals auf. Prophetisches Reden
nimmt einmal ein Ende, Zungenrede verstummt, Erkennt-
nis vergeht.
    9 Denn Stückwerk ist unser Erkennen und Stückwerk
unser Prophezeien.
    10 Wenn aber das Vollendete kommt, dann wird das
Stückwerk abgetan.
    11 Als ich ein Kind war, redete ich wie ein Kind, dachte
wie ein Kind, urteilte wie ein Kind. Als ich ein Mann wurde,
legte ich ab, was kindlich an mir war.
    12 Jetzt sehen wir in einem Spiegel alles rätselhaft, dann
aber von Angesicht zu Angesicht. Jetzt erkenne ich stück-
weise, dann aber werde ich ganz erkennen, so wie auch ich
ganz erkannt worden bin.
    13 Jetzt bleiben Glaube, Hoffnung, Liebe, diese drei;
doch am größten unter ihnen ist die Liebe.
(1 Korinther 13, 1–13)

Indem wir die Liebe haben, haben wir Gott, indem wir Gott haben, sind wir verpflichtet, gegen die Grausamkeit einzuschreiten. Wer grausam handelt, jeder Selbstmordattentäter beispielsweise, jeder Ideologe und Einpeitscher des Selbstmordattentats, handelt nicht im Namen Gottes – denn Gott ist Liebe. Er handelt auch nicht im Namen einer Religion – denn die Religionen wollen uns auf verschiedenen Wegen zu Gott führen, und keinen passiert man in schimmernder Wehr oder mit einem Bombengürtel um den Körper geschlungen. Derjenige, der das will oder verkündet, handelt im Namen einer Ideologie, im Namen einer Menschenmacht, im Sinne des radikal Bösen.

Ich kann immer noch nicht verstehen, dass Gott das alles zulässt, aber ich kann es begreifen. Mein Unverständnis ist auch eine Aufgabe, um diese Aufgabe zu bewältigen, gibt es die Religion. Weil sie mir hierin, in der schwersten aller Fragen, hilft, will ich sie preisen.

In der trinitarischen Gottesidee des Christentums versinnbildlicht sich ein zweites Eingreifen, nämlich die im wahrsten Sinne des Wortes: *Versöhnung*. Gott schickt seinen Sohn, um die Welt zu erlösen, um dem geschichtlichen Menschen die heilsgeschichtliche Option zu eröffnen, mehr geht nicht. Diese Option legt uns das Gute nahe. Wir müssen es nur wollen. In der Möglichkeit, es zu wollen, eröffnet sich dem Menschen die Freiheit und nur ein freier Mensch kann sich entfalten, ein ganzer Mensch werden.

Das bedeutet, die Schrecken sollten nicht den Glauben hindern, sie dokumentieren vielmehr seine Notwendigkeit. Angesichts der Gräuel und der Grausamkeit der Welt wird die Entscheidung, so zu leben, dass die Liebe in all ihren Facetten wirksam werden kann, nur wichtiger, nur die Haltung kann diese Gräuel wirksam wehren, indem sie ihre heilende und heiligende Wirkung entfaltet. Durch die Entscheidung zur Liebe erreicht der Mensch auch die ethische Höhe seiner technischen Möglichkeiten. Und die göttliche Legitimation enthebt die Maximen, die aus dieser Haltung entstehen, nämlich die universellen Menschenrechte der Verhandelbarkeit durch Gewaltherrscher. Die Maximen der Liebe sind absolut, weil sie an das Absolute gebunden sind. Das Argument gegen den Glauben, das sich aus der Erfahrung einer ungerechten Welt nährt, ist also kein Argument gegen den Glauben, sondern für den Glauben. Angesichts der Verbrechen, der Grausamkeiten, aber auch der nicht immer ungefährlichen naturwissenschaftlichen Möglichkeiten, die den ganzen Menschen fordern, der souverän und in Willensfreiheit entscheidet, wird es unmöglich, auf den Glauben zu verzichten, weil es ohne Glauben keine Möglichkeit des Lebens gibt.

Ein Fazit sei gezogen: Es ist also notwendig zu glauben, es ist unmöglich, nicht zu glauben, aber es ist auf der anderen Seite gesellschaftspolitisch und gesellschaftslogisch nicht opportun. Doch die westliche Gesellschaft ist an einem Punkt angekommen, an dem sie es sich nicht leisten kann, ihre eigene Geschichte, ihre eigene Verfasstheit zu vergessen. Sie darf nicht länger auf Gott verzichten und den Glauben banalisieren, denn der Glauben an Gott wird immer notwendiger, weil er die wachsende Not angesichts der tödlichen, täglich wachsenden Risiken entscheidend zu wenden hülfe. Wir haben doch gesehen, wie verfügbar wir geworden sind. Und wir werden täglich verfügbarer. Sind wir schon eine Funktion von Facebook? Beherrschen wir wirklich das Medium?

Der Wille zur Liebe

Alle Wege ohne den Glauben an Gott führen ins Leere. Der, der ideologisch glaubt, endet im Gulag, der, der fanatisch glaubt, findet sich als Täter, vielleicht sogar als Mörder wieder und der, der dem Konsum hinterherjagt, wird ein Gehetzter, ein Getriebener, der im und an den Rausch sein Leben verliert. Alle Wege führen also ins Nichts. Wie nun weiter? So tun, als sei alles in bester Ordnung, bloß nicht daran rühren, nicht daran denken? Oder hoffen, dass es für einen selbst noch reichen, dass die Gesellschaft noch so lange halten würde, wo wir doch tagtäglich sehen, wie es immer nur schlechter wird und immer weiter abwärts treidelt?

Solange ein Sturz größerer Bevölkerungsgruppen ins Elend durch Transferzahlungen verhindert werden kann, solange diese noch ruhiggestellt bleiben, wird von dieser Seite keinerlei Bewegung einsetzen. Dennoch bereiten sich Veränderungen vor. Die Lage scheint ambivalent, wie immer, wenn sich Veränderungen ankündigen. Umbruchzeiten, Zeiten eines Paradigmenwechsels kommen stets verworren, ambivalent, gefahrvoll, unüberschaubar daher, mit einem schwer zu fassenden Mutwillen. Umso wichtiger ist in dieser Situation, selbst zu verändern und nicht verändert zu werden, das Heft des Handelns in die Hand zu nehmen.

Wieder und wie immer ist der Dreh- und Angelpunkt das Selbst, denn wir selbst müssen entscheiden, was wir wollen und was wir ablehnen. Dazu braucht es Kriterien, und zwar Kriterien, die mehr im Blick haben als das kleine Lebensglück. Wir brauchen, davon bin ich überzeugt, Sinn. Wir brauchen eine große gemeinsame Richtung und die Frage, die sich immer drängender stellt, ist, ob wir in der Lage sind, diesen Sinn zu produzieren? Nicht irgendeinen Sinn, sondern den großen grundlegenden Lebens-Sinn.

Meines Erachtens kann nur der Glaube an Gott, den ich – wie gezeigt – für eine antropologische Konstante halte, einen solchen Sinn gewährleisten. Wer sich für diesen Glauben entscheidet – als Akt der Willensfreiheit –, entscheidet sich für eine Haltung der Liebe, für einen Willen zur Ordnung.

Gott hat den Menschen diese Willensfreiheit zugestanden, hat sie ihm voraussetzungslos und unmittelbar geschenkt, und ihn damit zum Menschen gemacht, auf dass niemand, kein König, kein Diktator, kein Politiker, kein Priester, kein Inquisitor, kein Mullah, kein Rabbiner, niemand sie ihm nehmen darf. Dieses Geschenk der Willensfreiheit ist das wirklich Göttliche im Menschen, wo die Willensfreiheit außer Kraft gesetzt wird, handelt man gegen Gott und gegen den Menschen selbst.

Vor diesem Hintergrund definiere ich den Willen zur Liebe als Glauben. Ich akzeptiere diese Ordnung nur, wenn ich an sie glaube. Man kann den Menschen zu Lippenbekenntnissen, zur Heuchelei zwingen, nicht aber zum Glauben an die Liebe. Der Mensch kann gezwungen werden, einem Gewaltherrscher zu huldigen, nicht aber kann er gepresst werden, an ihn und ihm zu glauben, denn Glauben besteht immer aus der Dreiheit: Ich glaube an ihn – und ich glaube ihm – und ich glaube mir.

Der Glauben an die Liebe realisiert sich in einem System von Werten, die sich als Ordnung verwirklichen, als täglich und praktisch realisiertes Konstrukt von Beziehungen zwischen den Menschen, die in diesem System leben. Werte existieren nur, wenn wir an sie glauben. Finden wir sie im religiösen Glauben, dann weisen die Werte über uns hinaus, weil sie auf etwas Größeres gehen, dann ermöglichen sie, über sich hinauszugehen und hinauszudenken, dann haben sie Zukunft.

Ein Beispiel: Wozu eine kinderfreundliche Gesellschaft gestalten, wenn man keine Kinder möchte, wozu Kinder bekommen, wenn man der Zukunft nicht vertraut? Wann endlich stellt man sich der Tatsache, dass der Geburtenrückgang in Deutschland schlicht Zukunftsmisstrauen ist, nicht Angst vor der Zukunft, sondern Misstrauen und Verweigerung, schlicht Un-Glauben. Erst in zweiter Linie spielen auch wirtschaftliche Ursachen eine Rolle. Sicher kann man Rahmenbedingungen verbessern und an die Realität täglich gelebten Lebens anpassen. Doch das allein reicht nicht. Wie erklärt man sonst, warum in anderen Ländern, armen wie reichen, der stupende Rückgang wie in Deutschland unabhängig von sozialen Rahmenbedingungen nicht zu beobachten ist? Dabei lässt sich mit einem Blick auf die Statistik dieser Rückgang selbst in Deutschland weder gleichmäßig noch flächendeckend feststellen. Der Geburtenrückgang hat in erster Linie etwas mit dem fehlenden Glauben an eine Zukunft und mit mangelndem Vertrauen, das auch Gottvertrauen sein kann, zu tun. Die Vorstellung, dass der materielle Wohlstand für einen selbst mit viel Glück noch reichen könnte, ermutigt nicht dazu, Kinder in eine Welt zu setzen, für die es dann ganz bestimmt nicht mehr reicht. Jedenfalls nicht, wenn der materielle Wohlstand der höchste Wert ist.

Ein Weiteres kommt hinzu: Wie kann ich Verantwortung für Kinder übernehmen, wenn ich selbst nicht bereit bin, für mich Verantwortung zu übernehmen; welche Werte kann ich ihnen vermitteln, wenn ich selbst immer weniger Werte, außer einer bestimmten Wohlstandswahrung, akzeptiere und vertrete? Akzeptieren und Vertreten bedeutet wieder, Verantwortung zu übernehmen. Wenn Wohlstandswahrung der Wert schlechthin ist, dann resultiert daraus, dass alles vermieden werden muss, was ein Wohlstandsrisiko darstellt, wie beispielsweise Kinder.

Der Wille zum Wohlstand

Unsere Gesellschaft baut auf einen allgemeinen Willen zum Wohlstand. Leider nur im Sinne einer bestimmten Konsumpotenz, für materiell gesicherte Verhältnisse, wie wir dieses Wort seit dem 18. Jahrhundert gebrauchen. Wie anders wäre es, wenn Wohlstand für uns hieße, im Stand des Guten zu sein, das Gute wählen und wollen zu dürfen? Denn »wohl« ist verwandt mit »gut« und meinte es auch in alter Zeit. Bedeutete Wohlstand das Gute, befänden wir uns mitten in der philosophischen und metaphysischen Diskussion des Guten, was es also heißt, im Guten zu sein, der Frage zu folgen, was das Gute für uns sei.

Wir haben gesehen, dass auch die utopischen Schriftsteller des 16. Jahrhunderts beim Guten ansetzten, doch taten sie es von der anderen Seite mit einer diametral entgegengesetzten Zielrichtung, sozusagen anstatt die Endlichkeit im Ewiggguten aufzulösen, verguteten sie die schlechte Endlichkeit.

Wie wäre es, wenn »das Gute«, der Wohlstand, darin bestünde, dass wir wahrhaft reich wären: reich an vielfältigen Beziehungen, Beziehungen zu anderen Menschen, die uns bereichern, Beziehungen zu unseren Tätigkeiten, die uns bereichern, Beziehungen zu unseren Eltern, Kindern und Kindeskindern, die uns bereichern und unsere Existenz in dieser Beziehung bereits verlängern? Beziehungen zu Gott?

Die Voraussetzung für diesen Reichtum bestünde im Gutsein, die Entscheidung für das Gute getroffen zu haben, sich gut zur Welt und gut zu den Menschen zu verhalten und an die Zukunft zu glauben. Möglich wäre diese Haltung der Liebe, weil man an das Unvergängliche, an das unvergänglich Gute, an Gott glaubt.

Das eigentliche Geschenk des Glaubens besteht aber darin, dass er die grundlegenden Werte unserer Kultur aufbewahrt und vermittelt. Ein Europa, das in seiner Verfassung auf den Gottesbezug verzichtet, hat bereits auf seine Seele, auf sein Gewissen, auf seine Moral, auf sich selbst verzichtet und ist dem Untergang geweiht. Es hätte keinen Sinn mehr. Die Verbindung zum Glauben stellt weder den Laizismus infrage, noch verlangt er von allen Europäern ein christliches Bekenntnis, es geht dabei nicht um Totalität, sondern um die Grundlagen der Kultur.

Der christliche Glauben hat eine Instanz zum Inhalt, die nicht verhandelbar oder flexibel ist: Gott. Gott ist ewig, von keinem Machthaber korrumpierbar. Göttliches Gesetz – die Haltung der Liebe – hat Bestand, schafft Vertrauen, etwas, worauf der Mensch sich immer beziehen kann, worin er immer aufgehoben ist, was seiner Schwachheit aushilft und zu hindern vermag, dass er seine Menschlichkeit verliere, weil er sich in dieser letzten Verantwortung weiß, statt in der vorletzten oder ersten eines irdischen Machthabers. Der Glaube an Gott ist in einem vielfältigen Sinn der Grund menschlichen als menschenwürdigen Lebens. Selbst wenn es keinen Gott gäbe, benötigen die Menschen den Glauben an ihn so sehr, dass er erfunden werden müsste, weil sie eine ewige, unzerstörbare, gerechte und moralisch unveränderbare legitimierende Instanz benötigen.

Glaube, Liebe, Werte

Was aber sind diese Werte, die sich mit dem Glauben verbinden, die den Grund des menschlichen Wesens bilden? Zunächst die Vorstellung, dass der Mensch heilsgeschichtlich gesehen aus seiner Endlichkeit in eine Ewigkeit gelangen kann, erlöst wird, nachdem Gott den Menschen bereits mit sich ver-söhnt hat.

In der trinitarischen Idee von Vater, Sohn und Heiligem Geist drückt sich der große Humanismus des Christentums aus. Gott schickt seinen Sohn, dass er das Leid, die Schuld der Welt auf sich nimmt, um den Menschen zu reinigen und ihm die Möglichkeit zu eröffnen, diesen Weg des Heils zu gehen. Wenn Jesus Christus sagt, dass das, was man dem geringsten seiner Brüder angetan habe, ihm angetan hat, liegt darin eine Haltung der Liebe begründet, der es ernst ist, Hader, Unterdrückung, Gewalt und Grausamkeit aus dem menschlichen Herzen zu vertreiben. In Jesus bildet sich die unveränderliche Einzigartigkeit eines jeden Menschen ab.

In der Religion wird ein Weg eröffnet, das Seelenheil zu erlangen, was man nicht geringschätzen darf, denn was nützen alle Reichtümer, die man nicht ins Grab mitnehmen kann, wenn die Seele Schaden nimmt? (Wer Schwierigkeiten mit dem Begriff »Seele« hat, darf die Gegenprobe machen, denn mit dem Begriff »Seelenlosigkeit« verbindet eigentlich jeder eine Vorstellung.)

Da der Glauben verlorenging, haben Wörter wie »Seele« und »Seelenheil« es schwer, sie scheinen nicht mehr als christliche Folklore zu sein. Doch man muss sich diesen Gedanken nur ins Alltägliche übersetzen, um ihre Evidenz zu begreifen: Wer sich bereichert und dabei nur an sich denkt, kann nicht damit rechnen, dass er in Zeiten des Alters, der Gebrechlichkeit, der Todesnähe liebevoll umsorgt wird. Überhaupt der Tod, das große »Zu spät«: Wie viel Schmerz bereitet das Eingeständnis, einen geliebten Menschen vernachlässigt zu haben? Was gäben wir – nach seinem Tod – nicht dafür, die Zeit zurückdrehen zu dürfen, um etwas, und sei es nur eine Kleinigkeit, noch einmal und anders machen zu dürfen?

Zu Hause zu sein, in der Welt angekommen zu sein, in der Heimat, auch das verbindet sich mit dem Glauben. In den Zehn Geboten wurden Regeln definiert, ohne die kein friedliches und glückliches Leben möglich ist. Auf ihrer

Grundlage ist unser positives Recht entstanden. Im Glauben, im Raum der Religion werden die uralten Fragen des menschlichen Lebens gepflegt, die jeder Mensch, bewusst oder unbewusst immer wieder zu stellen gezwungen ist – etwa wie die rechte und glückverheißende Art zu leben sei.

Die christliche Religion beantwortet diese Fragen, indem sie die Kardinaltugenden den Todsünden gegenüberstellt und damit den rechten Weg definiert. Wie kann jemand sich und andere glücklich machen, wenn er überheblich, habsüchtig, neidisch, jähzornig, gierig, unmäßig und träge ist? Mit Trägheit ist vor allem die Trägheit des Herzens gemeint, die Unempfänglichkeit für Mitleid, die Kälte, die Hartherzigkeit. Die Nichtachtung des anderen lässt kein menschliches Miteinander zu und zerstört jede Beziehung. Habsucht und Neid sind noch die häufigsten Ursachen für Gewaltverbrechen, dann aber kommt gleich der Jähzorn, der den Menschen unverantwortlich und mit dem Ignorieren der Folgen seines Tuns handeln lässt. Gier, Wollust, Unkeuschheit, wie wir es immer benennen wollen, haben nichts mit Liebe zu tun, sie dienen der Triebbefriedigung. Ihnen zu folgen nimmt den Menschen die Willensfreiheit, also die Freiheit, sich gemäß seines Willens für das Gute oder das Schlechte zu entscheiden. Aber auch die Maßlosigkeit zerstört den Menschen, weil sie ihm die Selbst-Zufriedenheit raubt, seinen göttlichen Maßstab. Denn Selbst-Zufriedenheit bedeutet nicht Faulheit, Trägheit, Genügsamkeit, sondern im Frieden mit sich zu sein, mit sich selbst in die Balance zu kommen, Frieden mit sich geschlossen zu haben.

Wenn wir also die sogenannten Todsünden konkret auf das Leben anwenden, werden wir sehen, dass sie in der Tat das menschliche Glück zerstören. Ein Mensch, der hingegen danach strebt, klug zu sein, gerecht gegen jeden und jede, der tapfer ist, weil er nicht verzweifelt, und dabei genießt in

Mäßigkeit, so dass dieser Genuss immer wieder von Neuem und als Neues erlebt werden kann, dem ebnet sich der Weg zu sich selbst und einer Zufriedenheit mit sich. Im Glauben an Gott findet sich dieser Mensch in einer geistigen Sicherheit, weil er sich von etwas Größerem angenommen und geliebt weiß. Wenn man sich dieser Werte immer wieder bewusst wird, sie versucht immer wieder neu anzuwenden, sie für sich in der konkreten Situation zu definieren, erkennt man, dass sie kein totes System von Maximen darstellen, sondern etwas höchst Lebendiges, einen Ausweg aus den Ausweglosigkeiten, in die wir immer wieder geraten, weil das leben heißt.

Machen wir die Probe aufs Exempel. Wünschen wir nicht von unserem Nächsten, dass er sich keinesfalls über uns erhebt, sondern uns mit Achtung behandelt, dass er uns nicht mit Neid verfolgt oder uns lediglich zu seiner Bedürfnisbefriedigung missbraucht, dass er sich uns gegenüber fair verhält, also uns gerecht und klug begegnet und tapfer ist, wenn wir uns schwach fühlen? Wenn wir so bei unserem Nächsten das eine wünschen und das andere fürchten, sollte es dann nicht auch für uns selbst gelten, wo wir wiederum für jeden anderen auch der Nächste sind?

Diese Überlegung findet sich aufklärerisch formuliert in Immanuel Kants Kategorischem Imperativ wieder. Die Aufklärung hat die christliche Moral umfassend rezipiert. Im Grunde hat sie sie übernommen, nur dass sie einen anderen Legitimationsvorschlag unterbreitete.

Natürlich kann man einwenden, dass ich die christliche Religion viel zu ideal darstelle und dass vor allem die Geschichte der Kirche schlecht zu diesen Idealen passe. Dieser Einwand ist in sich bereits entkräftet, denn er verweist völlig richtig auf die Geschichte einer Institution, auf die Taten von Menschen, die sich aber in diesen Handlungen von der tatsächlichen Religion entfernten. Man darf das eine nicht mit dem anderen verwechseln. In den Kirchen der Zeit handelten die Menschen der Zeit, und Verbrechen, die man kirchlichen Würdenträgern anlastet, findet man zeitgleich auch bei den weltlichen Mächtigen. Das macht es nicht besser, nur realistischer, und warnt vor pharisäerhaften Schuldzuweisungen. Karlheinz Deschners *Kriminalgeschichte des Christentums* ist eben keine Kriminalgeschichte des Christentums, sondern eine, wenn auch zweifelhafte Kriminalgeschichte der Geschichte.

Im christlichen Glauben lebt das überwältigende Geschenk unserer großen europäischen Geschichte, das wir annehmen können, um zum Besseren, mehr noch: um zum Guten zu kommen und eine Zukunft zu haben. In dieser Religion entdecken wir nichts weniger als uns und unsere Geschichte. Aber ein Glauben ohne Aufklärung, ohne Vernunft, auch ohne Kritik kann, wie wir beobachten müssen, in Fanatismus umschlagen, in das Gegenteil von dem, was er kann und soll. Deshalb ist das große Erbe Europas für die Zukunft die Versöhnung und gegenseitige Heilung, die Partnerschaft von Vernunft und Religion, ohne dass das eine in dem anderen verschwindet. Die Wissenschaft ist in Regionen vorgedrungen, in denen sie Gott berührt. Bald schon kann der Mensch den Menschen herstellen, Sterbehilfe, die Frage, wie lange jemand an Apparaten künstlich am Leben gehalten werden darf, ist nicht nur eine technische Frage sondern vor allem die Frage, was wir unter Leben verstehen. Wenn die Wissenschaft sich technisch den letzten Fragen des Menschen nähert, so wird die Religion, die sich um diese Fragen seit Beginn der Geschichte der Menschheit kümmert, täglich wichtiger. Es bedarf im gleichen Atemzug auch einer neuen Metaphysik. Metaphysik ist vonnöten, fehlt aber weit und breit. Erlauben wir nicht dem Gentechniker, der sehr wahrscheinlich für einen Konzern tätig ist, die Entscheidung über die letzten Fragen der Menschen!

Für die Zusammenarbeit von Naturwissenschaftlern, Philosophen und Theologen wird das Betätigungsfeld täglich größer und die Kooperation zwingender. Die Frage besteht immer weniger in dem was wir können, sondern immer mehr in dem, was wir wollen. Christliche Religion und abendländische Philosophie, Kunst und Kultur geben uns eine ganz eigene unverwechselbare, sehr lebenswerte und sehr liebenswürdige Identität, die von dem Glauben ausgeht, dass der Mensch Gottes Ebenbild ist und Gott mit dem Menschen in seinem Sohn einen Bund errichtet hat, der Ewigkeitswert besitzt. Achten wir das um unserer Kinder und um unserer selbst Willen nicht zu gering, sonst sind wir nicht mehr zu retten. Als das Römische Reich seine Werte und seine Identität, seinen inneren Zusammenhalt und seine Dynamik verloren hatte, brach es zusammen.

Hier, wo wir stehen, ist Europa. Wir können es annehmen oder auch ablehnen. Aber wir werden ohne Religion kein Europa bekommen, nur eine zentralistisch diktatorische Superbürokratie, aber das wäre dann nicht mehr Europa. Es stellt ein tragisches Moment in diesem Prozess dar, dass die christlichen Parteien das am wenigsten sehen und sich ihres Christentums schämen.

Anderseits wird bei vielen und insbesondere bei jungen Menschen am Ende der Illusionen der Ideologie und des Konsums die metaphysische Verzweiflung größer. Die Suche nach einem Sinn im Leben, nach Geborgenheit und Verlässlichkeit, nach dem Guten gestaltet sich zusehends dringlicher. Und das Gute, das man im Glauben findet, ist nicht politisch, es ist noch nicht einmal geschichtlich, es ist heilsgeschichtlich. Es geht um Ewigkeitswerte, also um

Werte, die vor der Ewigkeit und vor der Würde des Menschen als Gottes Ebenbild bestand haben.

Auch so gesehen kehrt der Glauben für die glaubenslosen Nachkommen, deren Vorfahren aber über Jahrhunderte so selbstverständlich Christen waren, als christlicher Glauben zurück. Er mag esoterisch ausfransen, das ist nicht von Belang. Aber die Sehnsucht nach Metaphysik ist groß. »Ich glaube« bedeutet nämlich, ich glaube dir, ich höre dir zu und ich antworte. Meine Antwort ist, dass ich Verantwortung für die Schöpfung, für meine Handlungen und für meine kleine Welt übernehme. Man kann es ausprobieren, ein wenig mehr Verantwortung und etwas mehr Freundlichkeit würden unsere Welt spürbar verbessern. Dieses Besserwerden suchen die vielen, vor allem jungen Menschen, die sich dem Glauben zuwenden, weil sie in ihm Sinn finden.

Das also ist Inhalt des wiederkehrenden Glaubens, die Konsequenz aus Christentum, Naturwissenschaft und Aufklärung: ich übernehme Ver-Antwortung.

Lob der Religion

Viel zum Lob der Religion ist bereits gesagt, doch soll ein Argument nicht übersehen werden, zugegeben ein historisches Argument, dessen Evidenz in der Konvention und in der Kontinuität besteht. Wie viele religiöse Anstrengungen haben die Menschen in ihrer Geschichte unternommen?

Sie haben Tempel gebaut und Statuten geschaffen, sie haben versucht, sich Gott zu nähern, sie haben Zeit, Mühe und Anstrengung auf sich genommen, auch Leiden und Verzicht. Die klügsten Menschen ihrer Zeit haben ihr Leben damit verbracht, über Gott nachzudenken. Ein nicht geringer Teil an Kunstwerken und Texten geht auf die Religion zurück. Ohne Religion würden wir nicht vor Michelangelos *Pietà*, vor Raffaels *Madonna* stehen, nicht Händels *Messias* und Bachs *Passionen* hören können, ohne Religion hätte weder ein Dietrich Bonhoeffer noch ein Janusz Korcak der Brutalität der Nazis die Stirn geboten. Und auch nicht die Mitglieder der Weißen Rose.

»Gibt es, so frage ich Dich, der Du ein Christ bist, gibt es in diesem Ringen um die Erhaltung Deiner höchsten Güter ein Zögern, ein Spiel mit Intrigen, ein Hinausschieben der Entscheidung in der Hoffnung, dass ein anderer die Waffen erhebt, um Dich zu verteidigen? Hat Dir nicht Gott selbst die Kraft und den Mut gegeben, um Dich zu verteidigen?«[77]

Ich kann die ergreifenden Werke und die bewunderungswürdigen Handlungen religiöser Menschen nicht alle aufzählen, die in der gesamten Geschichte der Menschheit geschaffen wurden und sich ereignet haben, doch es will mir nicht gelingen, mir vorzustellen, dass sie alle ihr Leben nur einem Trugbild hingegeben hätten, einer Lüge, einer Illusion. Es käme mir widersinnig vor, ja, auch überheblich, das zu denken. Als seien nur wir, die Söhne und Töchter des 20. Jahrhunderts, im Stande der Wahrheit und sie alle, ein Erasmus von Rotterdam wie ein Isaac Newton, ein Michelangelo wie ein Dante, ein Blaise Pascal wie ein Immanuel Kant, befänden sich im Irrtum, wären einer Räuberpistole aufgesessen, einem »bronzezeitlichen Text«, und hätten »menschenfeindlichen Religionen gehuldigt«. Um das zu behaupten, gehört schon ein Selbstbewusstsein, dessen Bewusstsein sich hoch über die Realität des eigenen Selbst erhoben hat. Und wären es nicht die Wirkungen, nicht der bestirnte Himmel über mir und das moralische Gesetz in mir, und wären es nicht diese Überlegungen und wäre es nicht der Glauben, so würde einzig der Blick in die Geschichte genügen, mich davon zu überzeugen, dass Gott existiert.

Immer wieder sprach ich im Buch davon, dass der Mensch sich verlöre, wenn er sich von Gott abwenden würde. Gott benötigt den Menschen nicht, aber der Mensch braucht Gott.

Das Faszinierende am »Gotteswahn« von Richard Dawkins ist, dass es kein Buch für die Wissenschaft oder zum Lob der Wissenschaft ist, sondern eine atheistische Streitschrift, die den Glauben an den Atheismus fordert und dabei die Wissenschaft als Hammer missbraucht, um auf die Religionen einzuschlagen. Es ist vor allem eine Glaubensschrift für den Atheismus, für eine Welt ohne Gott. Eine Welt, in der der Mensch das Göttliche verloren hat und Verfügensmasse nicht einmal der Wissenschaft, die auch nur Mittel zum Zweck sein würde, sondern des Profits ist, der Herrschaft der Hedgefonds, der Banken, der Konzerne. Für sie kommt der Mensch nur als Konsument und als Produzent vor. Es ist die Welt des kalten Nutzens der Starken, die im *Struggle for Life* die Schwachen täglich besiegen. Das ist Dawkins Welt, es ist auch die Welt von Douglas Adams, der aus dem Garten die überflüssigen Feen und Einhörner verbannen will. Aber ein Park ohne Feen und Einhörner ist Frankensteins Park, ist der Park von Konzernen wie Monsanto. Ist die Welt des genmanipulierten Getreides, des geklonten Tieres, des gezüchteten Menschen.

Das höchste Lob, das ich der Religion zollen kann, lautet: Sie wird mehr denn je gebraucht. Ich bestehe darauf, dass auch meine Enkel noch daran glauben dürfen, dass Feen und Einhörner in einem schönen Park leben, ohne dafür von den Inquisitoren eines Wissenschaftsglaubens als psychiatrischer Fall in einer psychiatrischen Anstalt weggesperrt zu werden, wie es der sowjetische Führer Breshnew mit Dissidenten tat. Ich möchte nicht, dass eines Tages Mut dazu gehört, Fantasie zu besitzen.

Die Religionen haben dem Denken den weitesten Raum ermöglicht, weil sie dem Streben zu Gottes Unendlichkeit keine Grenzen setzen wollten und auch nicht konnten. Das Schöne aber am Glauben – und darin liegt schon eine Ahnung der Unendlichkeit – ist, dass, so viel wir auch von unseren Vorgängern ererben mögen, doch jede Generation im Glauben wieder von vorn anfangen muss: nämlich von sich aus.

Anmerkungen

1 Dawkins ordnet selbst seine Schrift in dieses Genre ein: »Wenn dieses Buch die von mir beabsichtigte Wirkung hat, werden Leser, die es als religiöse Menschen zur Hand genommen haben, es als Atheisten zuschlagen.« (Dawkins, Richard: Der Gotteswahn, S. 18, Berlin 2007) Und diejenigen, die das Buch nach der Lektüre nicht als Atheisten zuschlagen, sind »eingefleischte Gläubige«, die als Kinder bleibend indoktriniert worden sind, psychiatrische Fälle oder geistesschwache Menschen, wie Dawkins ausführt.

2 Shakespeare, William: Hamlet, in ders.: Werke, Sechster Teil, Berlin, Leipzig, Wien, Stuttgart o.J., S. 199

3 siehe Dawkins, Richard: Der Gotteswahn, Motto, S. 18, Berlin 2007

4 vgl. Mai, Klaus-Rüdiger: Die Weltreligionen. Woran die Menschen glauben, München 2010

5 a.a.O., S. 11

6 Ontologisch allenfalls in einer Art historischen Ontologie, nicht aber als Geschichte der Ontologie, sondern als Ontologie in der Geschichte.

7 Kurt Flasch hat sehr schön versucht, Meister Eckhart aus dem assoziativ schwierigen und unscharfen Begriff des Mystikers auszulösen und ihn als christlichen Philosophen zu lesen. Vgl. Flasch, Kurt: Meister Eckhart: Philosoph des Christentums, München 2011

8 Otto, Rudolf: Das Heilige. Über das Irrationale in der Idee des Göttlichen und sein Verhältnis zum Rationalen, München 2004, S. 12

9 Eliade, Mircea: Das Heilige und das Profane. Vom Wesen des Religiösen, aus dem Französischen, Frankfurt am Main 1998, S. 176

10 Wer dies Beispiel nicht gelten lassen will, weil es aus der Bibel stammt, schaue nur auf die Geschichte des Neubaus des Petersdoms, der zum Symbol für den Zerfall der Christenheit wurde.

11 Obwohl wir selbst in den frühen Pfahlbauten des Neolithikums religiöse Aspekte der Architektur finden, bspw. die Herdstelle als Basis der *axiis mundis* etc., vgl. hierzu Mai, Klaus-Rüdiger: Die Bronzehändler. Eine verborgene Hochkultur im Herzen Europas, Frankfurt am Main 2006

12 Ausführlich zum Zusammenhang des religiösen Denkens und

der sozialen Architektur und Topografie vgl. Mai, Klaus-Rüdiger: Die Geheimen Religionen, Köln 2012

13 Otto, Rudolf: a.a.O., S. 48 f.

14 Kutz, Ilan: Die Funktion von Glauben aus psychologischer Sicht, in: Religion. Segen oder Fluch der Menschheit, hrsg. v. Michael von Brück, Frankfurt am Main und Leipzig 2008, S. 58 f.

15 Die Niederschrift von der Smaragdenen Felswand, Berlin und Weimar 1980, S. 37

16 Ausführlicher hierzu in Jan Assmann: Theologie und Weisheit im Alten Ägypten, München 2005; Mai, Klaus-Rüdiger: Die Geheimen Religionen, a.a.O.

17 vgl. »Sprit aus toten Tieren«, in http://umweltinstitut.org/ueber-uns/ueber-uns/aktuelles-1003.html

18 Überflüssig, darauf hinzuweisen, dass Dichtung hier im größeren Sinne als Ineins von Erzählung, Philosophie und Theologie verstanden wird. Übrigens kann man bestimmte Passagen des Epos auch als Architekturschlüssel lesen. Dichtung bedeutet zu dieser Zeit, Wissen aufzubewahren und verfügbar zu halten, mit ganzen Sinnen erlebbar zu machen. Gegen den Rausch oder die Totalwahrnehmung der Dichtung ist jedes Computerspiel ein müder Abklatsch, und muss es auch sein, weil selbst im Computerspiel eine Schwelle der Passivität nicht überschritten werden kann, die für die Dichtung nicht existiert.

19 Mit der Flut ist die Sintflut gemeint und der babylonische Noah heißt Uta-napischti. Der Sintflutmythos taucht mitnichten erst in der Bibel auf, im Gegenteil er gehört zu den ältesten und zu den universellen Mythen der Menschheit.

20 Das Gilgamesch-Epos, neu übersetzt und kommentiert von Stefan M. Maul, München 2005, S. 46

21 vgl. Dawkins, Richard: a.a.O., S. 107

22 Anselm von Canterbury: Proslogion, Stuttgart 2005, S. 20

23 Dawkins, Richard: a.a.O., S. 46

24 vgl. Greenblatt, Stephen: Die Wende. Wie die Renaissance begann, München 2012

25 »In the eighteenth century and since, Newton came to be thought of as the first and greatest of the modern age of scientists, a rationalist, one who taught us to think on the lines of cold and untinctured reason. I do not see him in this light. I do not think that any one who has pored over the contents of that box which he packed up when he finally left Cambridge in 1696 and which, though partly dispersed, have come down to us, can see him like that. Newton was not the first of the age of reason. He was the last of the magicians, the last of the Babylonians and Sumerians, the last great mind which looked out on the visible and intel-

169

lectual world with the same eyes as those who began to build our intellectual inheritance rather less than 10,000 years ago.« Das schrieb der Mann, der Newtons Manuskripte erworben und einen tiefen Einblick in Newtons Schaffen und denken gewonnen hatte. In: John Maynard Keynes: Newton, the Man (1946). In Geoffrey Keynes (ed.), Essays in Biography, 2nd edition (1951), 311–4.

26 Was ist Gott? Das Buch der 24 Philosophen, erstmals übersetzt und kommentiert von Kurt Flasch, München 2011, S. 67

27 Rosenzweig, Franz: Stern der Erlösung, Frankfurt am Main 1988, S. 25. Er fährt fort: »Aber dieses Nichtwissen ist Nichtwissen von Gott.«

28 Dawkins, Richard: a.a.O., S. 17 f.

29 Von Nichtphilologen wird die Wortgeschichte als historische Quelle oft unterschätzt, obwohl sie buchstabengewordene Mentalitätsgeschichte ist.

30 vgl. Hildebrandslied in: Frühe Deutsche Literatur, Frankfurt am Main 1991, S. 10

31 Meister Eckhart: Werke, 2 Bde. Hrsg. v. Niklaus Largier, Bd. 2, Frankfurt am Main 1993, S. 401

32 Wobei das absurd ist, denn *meta-pher* bedeutete ja bereits übertragen.

33 So haben es jedenfalls nach der Bibel Isaac Newton in: The Chronology of Ancient Kingdoms Amended und James Usher in: Annales Veteris Et Novi Testamenti berechnet.

34 Meister Eckart: a.a.O., S. 67

35 Meister Eckhart: a.a.O., Bd. 1, Frankfurt am Main 1993, S. 13

36 vgl. Mai, Klaus-Rüdiger: a.a.O.

37 Biblia, das ist die gantze Heilige Schrift Deutsch, Martin Luther, Wittemberg. Begnadet mit Kurfürstlicher zu Sachsen Freiheit, Bedruckt durch Hans Lufft, Josua 10,12, Band 1, Leipzig 1983

38 vgl. Mai, Klaus-Rüdiger: Der Vatikan, a.a.O., S. 382–387

39 Novalis: Die Christenheit oder Europa, in ders.: Werke, Tagebücher und Briefe, Band 2, München 2005, S. 733 f.

40 Spinoza, Baruch de, 56. Brief, zitiert nach Heine, Heinrich: Zur Geschichte der Religion und Philosophie in Deutschland, in ders.: Werke und Briefe, Band 5, Berlin und Weimar 1980, S. 227, Übersetzung S. 648

41 Hölderlin, Friedrich: Hyperion. Oder der Eremit in Griechenland, in ders.: Sämtliche Werke, Historisch-kritische Ausgabe, Zweiter Band, Berlin 1943, S. 91 f.

42 a.a.O., S. 283

43 Kant, Immanuel: Kritik der praktischen Vernunft, Leipzig 1983, S. 41

44 a.a.O., S. 191

45 ebenda

46 Schiller, Friedrich. Wilhelm Tell in ders.: Werke, Band 6, Berlin, Leipzig o.J., S. 75

47 Schlegel, Friedrich: Notizen, Zweiter Band, Zweites Stück, in: Athenäum, Leipzig 1984, S. 220

48 Schleiermacher, Friedrich Daniel Ernst: Über die Religion. Reden an die Gebildeten unter ihren Verächtern, in ders.: Über die Religion. Schriften, Predigten, Briefe, S. 44, Frankfurt am Main und Leipzig 2008

49 a.a.O., S. 53

50 a.a.O., S. 21

51 a.a.O., S. 41

52 Kierkegaard, Sören: Furcht und Zittern, München 2010, S. 226

53 Hegel, G.W.F.: Grundlinien der Philosophie des Rechts, Berlin 1981, S. 277

54 Kierkegaard, Sören: a.a.O., S. 271

55 Bauer, Bruno: Die gute Sache der Freiheit und meine eigene Angelegenheit, in: Die Hegelsche Linke. Dokumente zu Philosophie und Politik im deutschen Vormärz, Leipzig 1985, S. 504

56 a.a.O., S. 507

57 vgl. Stirner, Max: Der Einzige und sein Eigentum, Berlin 1924, S. 14

58 Feuerbach, Ludwig: Das Wesen des Christentums, in ders.: Gesammelte Werke, Band 5, Berlin 1974, S. 47

59 Marx, Karl: Zur Kritik der Hegelschen Rechtsphilosophie. Einleitung, in: Deutsch-Französische Jahrbücher, Leipzig 1981, S. 151

60 Lenin, Wladimir Iljitsch: Drei Quellen und drei Bestandteile des Marxismus, in ders.: Werke, Berlin, Bd. 19, S. 3–9.

61 Dawkins, Richard: a.a.O., S. 18

62 a.a.O., S. 18

63 ebenda

64 ebenda

65 Das erste Zeitalter ist das des alten Bundes zwischen Gott und den verheirateten, fleischlich lebenden Menschen. Das zweite ist das Zeitalter Jesu, das Zeitalter der Priester. Das dritte aber, das unmittelbar bevorstand, würde die Epoche des Heiligen Geistes werden, die Zeit der Mönche. Im letzten Zeitalter würde durch das heilige Leben der Mönche die Erlösung erreicht – so Joachim, der Abt von Fiore.

66 Zur Entwicklung der Selbstmordattentats von den Assassinen über die russischen Nihilisten zu den Islamisten siehe: Mai, Klaus-Rüdiger: Geheimbünde. Mythos, Macht und Wirklichkeit, Bergisch Gladbach 2006

67 Ostrowski, Nikolai: Wie der Stahl gehärtet wurde, Leipzig 1969, S. 312
68 Es existieren inzwischen einige Publikationen zu diesem Thema, aber die klarste Sprache sprechen immer noch die Dokumente selbst, veröffentlicht in: Deti Gulaga 1918–1956, hrsg. v. Alexander N. Jakowlew, Moskau 2002
69 Florenski, Pawel: Notizen zu Christentum und Kultur, in ders.: Christentum und Kultur, S. 296 f.
70 Novalis: a.a.O., S. 746
71 Kafka, Franz: Betrachtungen über Sünde, Leid, Hoffnung und den wahren Weg, in ders.: Beim Bau der chinesischen Mauer, Leipzig und Weimnar 1980, S. 185
72 Das »Lied der Perle«. Zit. nach: Gnosis. Zeugnisse der Kirchenväter. München und Zürich 1995, S. 455 ff. Die folgenden Zitate sind den Seiten 455–457 entnommen.
73 ebenda
74 ebenda
75 ebenda
76 Aus dem »Tractatus Tripartitus«. Zit. nach: Nag Hammadi Deutsch. Studienausgabe. Hrsg. v. Hans-Martin Schenke, Hans-Gebhardt Bethge und Ursula Ulrike Kaiser. Berlin und New York 2010, S. 65 f.
77 Die Weiße Rose, Frankfurt 2012, S. 89

Alle Bibeltexte stammen aus: Die Bibel. Die Heilige Schrift des Alten und Neuen Bundes. Verlag Herder, Freiburg im Breisgau 2005

Personenverzeichnis